Histoire de l'Australie

Histoire de l'Australie

Colonisation et développement de l'île-continent

Henri Blerzy et *al.*

Editions Le Mono

Collection «*Les Pages de l'Histoire* »

Connaître le passé peut servir de guide au présent et à
l'avenir.

ISBN : 978-2-36659-424-9
EAN : 9782366594249

Introduction

L'Australie est une entité géographique indé-finissable. Une île, un pays, un continent, toutes les définitions semblent correspondre à cette terre qui attire de nombreux visiteurs pour son accueil, sa stabilité mais aussi son mélange de modernité et de tradition. C'est à juste titre que beaucoup le qualifient d'île-continent. Quelle est l'histoire de son peuplement, de sa colonisation et de son développement ?

Si personne ne peut affirmer connaître la date exacte de la première présence humaine sur cette île, on sait qu'à sa découverte par les Européens, de nombreuses tribus indigènes y vivaient déjà de façon organisée. Après sa découverte, ce pays boisé, riche en mines d'or, de cuivre, d'étain, de charbon, du plomb, de l'argent, du fer, du zinc, est devenu dans un espace de temps assez court, le lieu de destination privilégié des gens venus des quatre coins de la terre, pour les opportunités qu'il offrait.

On raconte[1] que l'or, par exemple, fut trouvé à la suite de quelques circonstances curieuses. En 1839, le géologue russe Strzélecki, explorant les montagnes à l'ouest de Sydney, y prédit la présence de l'or. Le savant anglais Murchison confirma ce dire, et le révérend

---

[1] Cf *Le Monde océanique et les progrès de l'Australie ;* de Louis Simonin.

Clarke, de Sydney, géologue bien connu, en se fondant sur cette observation de Humboldt que l'or se trouve presque toujours dans des montagnes alignées sur des méridiens, telles que l'Oural ou les Andes, émit aussi les mêmes idées que Strzélecki et Murchison. En 1847, il annonça dans un journal qu'on trouverait l'or à Bathurst, dans les montagnes gisant à 70 lieues à l'ouest. Un berger écossais découvrit une pépite, la vendit à un orfèvre, mais refusa de faire connaître l'endroit. Enfin, en 1851, le 9 mai, un Australien, Hargraves, qui était revenu des placers de Californie, trouva l'or près de Bathurst et en révéla le gisement. On appela ce lieu Ophir.

Tous les chercheurs accoururent et les découvertes s'étendirent. La colonie de Victoria devint bientôt une région plus productive que la Nouvelle-Galles du Sud, et les noms des *champs d'or* de Ballarat et de Bendigo traversèrent les mers. Le monde entier accourut, la Californie faillit un moment être dépeuplée pour l'Australie. Et l'or amena en très grand nombre tous les émigrants, des Chinois, des mineurs du Cornouailles. Les Californiens désertaient en masse leurs placers de Sacramento pour ceux de Bathurst, de Bendigo, de Ballarat, aux flancs des Montagnes-Bleues.

L'esprit entreprenant, l'indomptable énergie des colons n'a reculé devant rien pour faire de cette grande terre une contrée privilégiée, dotée de tous les perfectionnements, de tous les progrès du vieux monde, de tout ce qu'ont créé les peuples les plus civilisés :

ports excellents et bien outillés, desservis par les plus puissantes compagnies maritimes ; voies de fer bien tracées, qui s'étendent sur une longueur totale de 12,000 kilomètres; télégraphes terrestres, longs de 50,000 kilomètres, et plusieurs télégraphes sous-marins, qui relient l'Australie au réseau général du globe.

Une terre n'ayant plus rien à envier à l'Europe pour le confort.

Chapitre I[2]

Histoire générale de l'Australie et sa colonisation

I

En 1770, le capitaine Cook fut chargé de dresser la carte de la côte orientale du continent australien, qu'on nommait alors la Nouvelle-Hollande. Il appela cette partie de l'Australie le *New-South-Wales*, ou la Nouvelle-Galles du Sud, parce qu'elle lui rappelait la Galles du Sud de l'Angleterre, et il en prit solennellement possession au nom de la couronne britannique.

En 1788, lorsque le gouvernement anglais résolut de créer une colonie pénale sur ce continent qui portait alors le nom de Nouvelle-Hollande, pour y déporter les convicts, il paraît qu'il fut principalement décidé par les rapports favorables que Cook en avait faits après avoir exploré. Ce navigateur, ayant visité la plupart des rades découpées sur ce rivage, avait signalé l'une d'elles, Botany-Bay, comme plus propre que toute autre à la fondation d'un établissement prospère. Un havre sûr, de l'eau douce en abondance, une grande variété de plantes,

---

[2] Ce chapitre et les suivants sont basés sur les travaux de Henri Blerzy ; *L'Australie : son histoire physique et sa colonisation*. Publiés en plusieurs articles.

qui valut à cette baie le nom qu'elle conservé, des plaines entrecoupées de bois, des habitants sauvages, mais inoffensifs, et à coup sûr peu nombreux, telles étaient les conditions qui militaient en faveur d'un essai de colonisation dans cette contrée. Des montagnes teintées d'azur, comme il arrive dans les climats chauds, où l'atmosphère est limpide et transparente apparaissaient à 40 ou 50 kilomètres de la mer.

Le projet de déportation fut mis à exécution par un premier convoi de 757 individus, hommes et femmes, condamnés à la déportation à vie. Le 26 janvier 1788, on s'arrêta dans une baie qu'on appela Botany-Bay. Près de là furent jetés les fondements de la ville qui devait être plus tard Sydney.

C'est là que débarquait en 1788 le capitaine Phillip, sans rien connaître de l'intérieur du pays qu'il était appelé à coloniser. Les débuts furent pénibles au sein de cette société mitigée, qui n'était presque composée que d'hommes expulsés de leur patrie. Néanmoins des concessions de terre furent faites ; la culture pastorale s'établit. Bientôt les colons, resserrés entre la mer et les Montagnes-Bleues, sentirent la nécessité de dépasser ces limites et de s'étendre au-delà. Par malheur la chaîne de montagnes qui bornait l'horizon était en apparence inaccessible. Les natifs ne pouvaient donner aucun renseignement sur la topographie du pays, soit qu'ils vissent avec un sentiment d'hostilité l'intrusion des Européens dans leurs domaines, soit qu'ils ne connussent pas les défilés par lesquels il était possible de passer. C'est en 1813 seulement que M. Evans, chargé par le gouvernement anglais de voyages d'explorations, découvrit le passage si longtemps cherché. Les colons débouchèrent sur les hauts plateaux où fut fondée la ville de Bathurst. Désertant le voisinage des villes, ils créèrent de nombreuses stations rurales au milieu des belles plaines qui s'étendaient devant eux. L'engraissement des bestiaux, la production de la laine, devinrent les industries les plus florissantes de la colonie.

Sous un climat qui peut être assez justement comparé à celui de l'Afrique septentrionale, les terres bien arrosées sont seules susceptibles, on le conçoit, de nourrir les troupeaux pendant toute l'année. Ce n'était pas assez de découvrir des terrains libres, il fallait encore des rivières. Les Montagnes-Bleues, qui s'élèvent à une assez grande hauteur (2,000 mètres environ), donnent naissance à une foule de petits ruisseaux ; mais le régime des eaux y est en apparence très irrégulier. Tous les cours d'eau du versant occidental se dirigeant vers l'intérieur des terres, on dut supposer en premier lieu qu'ils se déversaient dans un réservoir central encore inconnu, puisque les marins, en explorant les côtes, n'avaient découvert l'embouchure d'aucun grand fleuve. On admit l'existence d'un grand lac intérieur, d'une *méditerranée*, réceptacle commun de toutes ces rivières. En outre les eaux étaient tantôt saumâtres comme celles de la mer, tantôt fraîches et douces comme l'eau de pluie. Souvent réduites à quelques mares stagnantes dans un lit desséché, les rivières se transformaient, à peu de jours d'intervalle, au milieu même de la saison sèche, en des torrents impétueux qui déracinaient les arbres et entraînaient les malheureux colons établis sur leurs rives. La ville de Guadagai, sur le Murrumbidgee, fut totalement détruite en une nuit par une crue extraordinaire ; deux cents personnes périrent dans cette catastrophe. Enfin M. Oxley, qui suivit jusqu'au bout, en 1818, l'un des plus importants de ces torrents, la Macquarie, le vit s'épandre en de vastes marais pleins de roseaux qu'il était impossible de franchir. Quelques années après, le capitaine Sturt, l'un des plus hardis explorateurs de l'Australie, retournait au même point ; les marais avaient disparu. Les roseaux couvraient encore le sol ; mais le sol était sec et les voyageurs ne purent trouver une goutte d'eau dans la contrée même qu'on leur avait dépeinte comme si marécageuse. Pour faire apprécier les difficultés du pays, il faut dire encore que toutes ces rivières, en nombre presque infini, qui descendent des alpes australiennes vers l'intérieur, traversent tour à tour des vallées fertiles et des plaines desséchées, en sorte que les colons ne pouvaient s'y étendre à l'aise et en suivre le cours. Trouvait-on aux limites des terrains déjà occupés un canton stérile, il fallait parcourir le pays, soit à droite, soit à gauche ou en avant, jusqu'à ce que l'on rencontrât une région mieux irriguée et couverte de cette bonne herbe longue et fine qui convenait si bien aux troupeaux. Souvent aussi les rivières terminaient doucement leur cours au pied d'une colline qu'elles n'avaient pas eu la force de renverser, comme si quelque réservoir souterrain les eût absorbées.

En 1829, le capitaine Sturt, accompagné d'une escorte nombreuse et bien équipée, partit des sources du Murrumbidgee, au sud-ouest de Sydney, avec l'intention de s'engager résolument dans l'intérieur. Le terrain devint bientôt sablonneux, d'épais buissons embarrassaient la marche de ses équipages ; mais cette rivière avait si belle apparence, le volume d'eau qu'elle charriait était si abondant, qu'il se crut enfin sur la voie la plus sûre pour pénétrer au cœur de l'Australie. Sur les chariots qui portaient ses provisions, il avait eu soin de charger un bateau démonté ; lorsque la marche sur terre devint impossible, il mit ce bateau à flot, congédia la plupart de ses hommes, en ne conservant qu'une demi-douzaine de compagnons, et s'abandonna à l'aventure au cours de la rivière sans savoir où il serait conduit. Le pays, généralement nu et desséché, n'offrant aucune ressource aux voyageurs, ils n'avaient d'autre nourriture que la farine qu'ils avaient emportée avec eux. Le Murrumbidgee était d'ailleurs d'une allure capricieuse. Parfois resserré dans des gorges profondes où le soleil pénétrait à peine, le chenal était encombré d'arbres et de rochers où le bateau courait risque de s'entr'ouvrir ; parfois aussi le lit de la rivière se relevait, les rives se rapprochaient en donnant naissance à de dangereux rapides. Sept jours après son départ, l'expédition débouchait dans un beau fleuve, la Murray, comparable par la largeur et la masse de ses eaux à nos grands fleuves d'Europe. Cette découverte rendait déjà moins probable l'hypothèse d'une mer intérieure. Un cours d'eau si puissant avait évidemment pour affluents (le fait a été confirmé depuis) toutes les petites rivières qui découlent du haut des Montagnes-Bleues et en rassemblait les eaux dans son lit. Le capitaine Sturt, continuant son voyage, descendit la Murray pendant trente-trois jours, jusqu'à ce que, les rives du fleuve s'écartant de part et d'autre, il se vit sur un grand lac légèrement saumâtre. Dans le lointain, on entendait rouler les vagues du Grand-Océan. C'est le lac Alexandrina, qui n'est en effet séparé du Pacifique que par une barre de sable. Sturt avait coupé en triangle le coin sud-oriental du continent. Il apercevait sur les rives de verts pâturages et des terres admirablement disposées pour la culture des céréales, culture qui faisait défaut aux environs de Sydney et dans toute la Nouvelle-Galles du Sud, car les colons faisaient venir de la Nouvelle-Zélande et de la Terre de Van-Diémen le blé et les pommes de terre nécessaires à leur alimentation. Après un rapide examen des richesses promises par cette nouvelle province, Sturt entreprit en toute hâte son voyage de retour ; ses provisions s'épuisaient, et ce ne fut pas sans d'énormes fatigues et de dures privations qu'il lui fut possible de remonter à la rame le courant qu'il avait descendu en venant et de rentrer à Sydney.

Les plaines fertiles qui s'étendent aux environs du Golfe-Spencer et de l'embouchure de la Murray furent bientôt occupées par les Européens, et ainsi se forma la colonie de l'Australie-Méridionale (capitale Adélaïde), qui fournit aujourd'hui aux provinces voisines d'énormes quantités de vin et de céréales. Les Anglais et les Allemands y vinrent directement d'Europe ; les colons des Montagnes-Bleues y firent descendre leurs troupeaux, le long des rivières, par la route que Sturt leur avait ouverte. Il est à remarquer que sur les hauts plateaux de la Nouvelle-Galles du sud les troupeaux se multiplient avec rapidité ; mais les bêtes ne peuvent s'y engraisser, parce que le sol est trop pauvre. En conséquence, l'*overlander* achète les bestiaux à bon marché dans la montagne, et les conduit, par une course de 1,200 à 1,500 kilomètres, jusqu'aux plaines de la Murray, où il les revend. Cette industrie, dangereuse pendant les premières années, alors qu'on ne rencontrait sur la route que des tribus hostiles ou pillardes, a fait promptement connaître la région intermédiaire qu'arrosent toutes ces belles rivières, le Darling, le Lachlan, la Macquarie, le Murrumbidgee. Maintenant des stations agricoles sont dispersées sur la presque totalité de ces vallées ; des bateaux à vapeur en remontent ou descendent le cours aussi loin que la navigation est praticable, et transportent aux ports de mer les produits du sol, en particulier les riches cargaisons de laine qui sont la fortune de l'Australie.

La découverte des plaines de Victoria suivit de près celle de l'Australie méridionale. Vers 1834, des colons, arrivés par mer, s'étaient déjà établis dans la baie de

Port-Phillip, et y avaient élevé quelques cabanes qui furent le berceau de la splendide cité de Melbourne. Deux ans après, le major Mitchell, suivant les traces du capitaine Sturt, franchit la Murray, s'engagea dans les districts inconnus au sud de ce fleuve, et parcourut pour la première fois ce beau pays qu'il a surnommé l'Australie heureuse, de nouveaux pâturages étaient ouverts à la colonisation, moins éloignés de Sydney que l'embouchure de la Murray. Les Européens s'y portèrent en foule, y multiplièrent leurs établissements, et relièrent peu à peu, par une suite ininterrompue de villes, de villages et de stations pastorales, les trois grandes provinces, la Nouvelle-Galles du sud, Victoria et l'Australie-Méridionale, qui occupent l'angle sud-est du continent.

Il serait inutile de rappeler en détail les nombreuses expéditions qui sillonnèrent ces contrées et ouvrirent le chemin aux *squatters*. Cependant une mention spéciale doit être accordée aux travaux du comte Strzèlecki, qui parcourut toute la chaîne des Montagnes-Bleues depuis Sydney jusqu'à Melbourne, mesurant la hauteur des pics principaux, étudiant le climat, l'aspect physique et la géologie, les productions de ces alpes australiennes. Dès l'année 1839, il signalait au milieu des échantillons de minéralogie qu'il avait rapportés un sulfure de fer aurifère, observation précieuse qui fut oubliée jusqu'aux grandes découvertes que M. Hargreave fit douze années plus tard.

À l'extrémité opposée du continent, sur la côte occidentale, deux petites colonies s'étaient fondées, l'une à Perth sur la Rivière des Cygnes, et l'autre à Albany près du Port-du-Roi-George. Le pays n'était pas, paraît-il, aussi fertile qu'à l'est ; des plateaux d'élévation médiocre, des rivières torrentielles en hiver et desséchées en été, des lacs d'eau saumâtre qui s'évaporent pendant la saison chaude en laissant à la surface du sol une croûte de sel solide, tels étaient les caractères principaux de cette région, ou les établissements européens ne prospérèrent pas. Créées par le gouvernement anglais en 1829, à une époque où l'on craignait que la France ne prît pied sur cette portion abandonnée de l'Australie, les colonies occidentales ont médiocrement réussi, et, signe manifeste d'impuissance, ont réclamé l'assistance des *convicts* à l'époque même où les autres provinces s'affranchissaient de cet élément de désordre. Elles se sont un peu plus développées en ces dernières années ; mais, à l'époque dont il s'agit ici, il n'y avait dans ces parages que quelques villages sans importance et quelques stations d'une faible étendue. On ne savait rien d'ailleurs du pays qui s'étendait au nord jusqu'à la mer des tropiques, ni de la côte inhospitalière, connue sous le nom de Terre de Nuyts, qui sépare l'Australie occidentale de l'Australie méridionale.

Tels furent les résultats des explorations géographiques jusqu'en 1840. Ce qu'on connaissait déjà était bien peu de chose en comparaison des immenses terrains du centre et du nord qui restaient encore inconnus ; mais les explorations allaient se multiplier en proportion des richesses acquises par les habitants. Elles allaient aussi se poursuivre en diverses directions suivant les intérêts propres de chaque province. Ainsi la Nouvelle-Galles du sud aurait voulu s'ouvrir un débouché vers le nord. Il est peu de côtes dans le monde aussi dangereuses pour la navigation que la côte orientale de l'Australie. En remontant au nord de Sydney, on entre, à la hauteur du tropique, dans une mer parsemée de brisants qui s'étendent à plusieurs centaines de kilomètres au large. Une chaîne continue de récifs, la Grande-Barrière, règne tout au long du rivage, et n'en permet l'accès que par un petit nombre d'ouvertures. Enfin, avant de déboucher dans la mer des Moluques, il faut franchir le détroit de Torrès, auquel de nombreux naufrages ont fait une redoutable célébrité. Tous ces dangers eussent été évités, et l'exportation des produits du sol fût devenue plus facile, si l'on avait pu découvrir une rivière, comme la Murray, qui serait descendue des Montagnes-Bleues et aurait versé ses eaux au nord du continent, dans cette entaille profonde qui s'appelle le golfe de Carpentarie. Les colons de l'Australie-Méridionale ne songeaient pas encore à s'ouvrir une route vers le nord en traversant le continent dans sa plus grande largeur ; mais, ayant rencontré devant eux un district stérile et de grands lacs salés qui constituent la région du Torrens, ils auraient voulu passer outre, et ils envoyaient leurs explorateurs chercher des pâturages au-delà de cette contrée désolée. Ils désiraient aussi établir vers l'ouest une ligne de communications avec les établissements de l'Australie occidentale. Quant à la province de Victoria, resserrée entre ses deux voisines et circonscrite dès le principe dans des limites bien définies, il ne lui restait qu'à compléter l'étude de son propre territoire. Dans tous ces projets, il n'y avait guère, il faut bien le remarquer, de préoccupation scientifique. On poursuivait un but utile, à savoir la découverte de riches pâturages. Les études météorologiques et ethnologiques, dont d'autres que les colons se fussent occupés, ne tenaient qu'un rang secondaire, et souvent même étaient totalement oubliées.

Dans la Nouvelle-Galles du sud, c'était sir Thomas Mitchell, déjà connu par la découverte de l'Australie heureuse, qui était chargé de diriger les recherches. Le premier voyage important fut entrepris, d'après ses instructions, par le docteur Leichhardt, qui partit de Sydney, en remontant vers le nord, en 1844, et, sans beaucoup s'éloigner de la côte, traversa toute la région qui s'est constituée récemment en colonie indépendante sous le nom de Terre de la Reine. Encouragé par la fertilité du sol et la facilité de la route à pénétrer toujours en avant, Leichhardt parvint sur les bords du golfe de Carpentarie, et ne s'arrêta qu'à Port-Essington, à la pointe la plus septentrionale du continent, après un parcours de 5,000 kilomètres à travers les contrées les plus propres à la culture. À mesure que l'on s'approchait de l'équateur, la végétation devenait plus belle ; les rivières conservaient des eaux abondantes, et nulle part n'apparaissaient les plaines nues, stériles et desséchées, qui avaient découragé les colons sous une latitude plus tempérée. Ce voyage ne fournit aucun renseignement nouveau sur l'aspect des régions centrales, ni sur la possibilité d'une communication fluviale entre les hauts plateaux et le golfe de Carpentarie. Aussi, l'année suivante, sir Thomas Mitchell se mit lui-même en route, en se dirigeant franchement vers l'ouest. Il suffira d'indiquer ici les résultats essentiels de son exploration, dont une relation analysée dans ce recueil a fait connaître les périlleux incidents. Après avoir traversé, sur le versant occidental des-Montagnes-Bleues, de splendides vallées, il parvint sur les bords d'une grande rivière, la Victoria, qui se dirigeait au nord-ouest. Forcé par l'épuisement de ses provisions de revenir en arrière, sir Thomas Mitchell renvoya l'année suivante (1848) M. Kennedy, l'un de ses compagnons. Celui-ci reconnut bientôt que la Victoria se détournait en se dirigeant directement au sud, et l'on a su depuis que ce cours d'eau, originaire des montagnes du tropique, allait encore se jeter au sud, dans le Pacifique, comme le Lachlan et la Macquarie. C'était décidément la côte méridionale qui recevait le tribut de toutes les eaux tombées en pluie sur le continent. Ces cours d'eau disparaissent souvent, il est vrai, avant d'avoir atteint l'océan. La raison en est facile à comprendre, Lorsqu'en partant de la côte on a franchi les Alpes australiennes, la grande Chaîne de Séparation (*great dividing range*), on traverse quelques plateaux élevés d'une faible étendue, puis on redescend dans les plaines, qui n'ont guère qu'une élévation de 500 à 600 mètres au-dessus du niveau de la mer. Or les rivières qui y prennent leur source ayant à faire un parcours de 2,000 kilomètres au moins avant d'arriver à la mer, il est aisé de concevoir que la pente est insensible et que le courant est trop faible pour vaincre les obstacles qu'il rencontre. Sur un large continent, il faut des montagnes d'une taille proportionnée, comme l'Himalaya ouïes Cordillères, sinon l'arrosement des grandes plaines devient impossible ; les eaux, croupissent en marais, au lieu de porter dans le lit des rivières la vie et la fertilité.

Lorsque le résultat des voyages de sir Thomas Mitchell fut connu, les colons de la Nouvelle-Galles du sud comprirent qu'ils devaient renoncer à s'ouvrir une communication fluviale vers le nord. Ne pouvait-on au moins trouver une route terrestre courte et facile en passant à la base du triangle allongé que forme la péninsule d'York ? Leichhardt était déjà passé d'une mer à l'autre, de la côte orientale au golfe de Carpentarie, sans rencontrer d'obstacle. La colonisation remontait de plus en plus vers le nord, et ses progrès incessants raccourcissaient peu à peu la distance à franchir pour atteindre les bords du golfe. La péninsule d'York était une terre encore inconnue dont il fallait connaître les ressources et la configuration. M. Kennedy, que nous avons déjà vu accompagner sir Thomas Mitchell sur la Victoria, fut chargé de ces études. Parti de la baie de Rockingham, vers le 18e degré de latitude, il devait pénétrer dans la péninsule, sans s'écarter beaucoup du rivage, et rejoindre au cap York le bâtiment colonial *Albion*, qui allait l'y attendre. Cet infortuné voyageur se mit en route avec une escorte de douze hommes » onze Européens et un indigène. Six mois après, l'*Albion*, qui stationnait au cap York, recueillit ce dernier, nu, couvert de blessures, mourant de faim, — Depuis quatorze jours, disait-il, il n'avait pas trouvé une goutte d'eau. Après avoir repris des forces, il put raconter que l'expédition, entravée dans sa marche par d'épais buissons, avait dû s'ouvrir une route à coups de hache. Les provisions étaient insuffisantes ; bientôt il fallut manger les chevaux. Cette dernière ressource épuisée, il y avait encore 400 kilomètres à faire pour arriver au but du voyage. La plupart des hommes, dévorés par la fièvre, privés d'une nourriture fortifiante, s'arrêtèrent au bord de la mer, tandis que le chef, accompagné du noir et des trois Européens les plus valides, continuait son chemin. Peu de jours après, l'un d'eux est blessé par l'explosion d'un fusil, et reste encore en arrière avec deux de ses compagnons. Kennedy s'avance seul avec le noir ; ils font la rencontre d'une tribu d'indigènes qui les crible de flèches. À eux deux, ils mettent tous ces ennemis en fuite, grâce au prodigieux effet de terreur que produisent les armes à feu ; mais Kennedy, blessé à mort, expire bientôt, et le pauvre noir, à force d'errer au hasard, put enfin se trouver au rendez-vous où l'*Albion* attendait toute la troupe. Le capitaine de ce bâtiment revint aussitôt le long de la côte pour sauver, s'il était possible, les hommes qui étaient restés en arrière. Deux d'entre eux furent retrouvés en vie, gisant au milieu des cadavres de leurs camarades, qu'ils n'avaient pas eu la force d'enterrer. Ils n'avaient depuis longtemps d'autre nourriture que les coquillages qu'ils ramassaient sur le rivage. Quant au corps de M. Kennedy et aux papiers où ce voyageur avait sans doute consigné ses observations, il fut impossible de les découvrir. Soit par souvenir de cette fatale expédition, ou par impossibilité réelle de pénétrer à travers les broussailles qui recouvrent le sol, la péninsule d'York est encore inconnue et vierge de tout établissement européen.

Ce désastre ne fut malheureusement pas le seul indice des périls que couraient les aventureux explorateurs de l'Australie. Au moment où Kennedy s'éloignait vers le nord, le docteur Leichhardt se proposait de traverser le continent dans sa plus grande longueur, entre les 27e et 32e degrés de latitude. Parti de la baie Moreton, où prospérait déjà la ville de Brisbane, il serait passé au nord du lac Torrens, et serait venu aboutir à Perth, sur la côte occidentale. L'entreprise était, on peut le dire, téméraire ; maintenant encore on serait tenté de la croire impraticable. Leichhardt se mit en route dans les premiers mois de 1848, et depuis cette époque on n'a eu aucune nouvelle de lui ni de ses compagnons. Un des chevaux qu'il avait emmenés est arrivé, dit-on, à Adélaïde plusieurs années après. Un autre voyageur, Gregory, envoyé à sa recherche, découvrit, dix ans plus tard, des traces de son passage près de la rivière Victoria. Suivant l'usage de tous les explorateurs dans ces contrées, il avait marqué à son initiale les arbres près desquels il avait campé. Il est à croire que, s'étant engagé dans les solitudes du centre au printemps, il aura été trompé par l'apparence verdoyante des vallées et par l'abondance des ruisseaux ; puis l'été sera survenu et l'aura surpris dans les régions voisines du tropique, où tout est desséché et mort pendant la saison chaude. Peut-être aussi les tribus sauvages auront attaqué et massacré toute la troupe. Le sort de ces infortunés voyageurs est encore un mystère dont les expéditions à venir donneront sans doute le secret.

En somme, les colons de la région du nord-est rencontraient peu d'obstacles : ils étaient souvent aux prises avec les indigènes ; mais la présence de ceux-ci indiquait précisément un sol fertile et des eaux abondantes. Il n'en fut pas de même dans l'Australie méridionale. Lorsque la colonie d'Adélaïde fut fondée, on eût pu croire que les Vastes plaines de la Murray suffiraient longtemps à l'expansion des Européens ; mais il n'en fut rien. Les concessions de terrains furent faites par milliers d'hectares à la fois ; les bœufs et les moutons se multiplièrent à l'infini, et de station en station les squatters arrivèrent bientôt aux limites de la terre cultivable. À 300 ou 400 kilomètres d'Adélaïde, ils trouvèrent une contrée d'une sécheresse extrême. Du haut des montagnes de Flinders, qui bornent de ce côté les terrains fertiles, on apercevait un lac, le Torrens, qui s'étendait à perte de vue vers le nord. À la surface du sol s'étendait une mince couche de sel qui avait à distance l'apparence de la neige tombée depuis peu. Lorsque les voyageurs essayèrent de se hasarder de ce côté, ils s'enfoncèrent dans la vase et furent contraints de revenir sur leurs pas. En 1840, M. Eyre, que le gouvernement colonial avait envoyé dans cette région, voulut contourner le bassin du Torrens par l'est en suivant la chaîne du Flinders, qui paraissait en être la limite orientale. À droite, il ne vit qu'une plaine sablonneuse sans arbre ni verdure. Dans le lointain apparaissait une surface brillante qui était due à la réflexion de la lumière du soleil sur une nappe d'eau ou sur les couches éblouissantes de sel dont le sol reste couvert après l'évaporation. Des effets de mirage étonnants étaient cause que l'on ne pouvait apprécier les distances, ni reconnaître si le bassin du lac contenait véritablement de l'eau. Sur la gauche, quelques collines d'une faible élévation apparaissaient dans le lointain. Des dunes d'un sable rougeâtre, avec des mares d'eau salée à leurs pieds, interrompaient seules la monotonie du paysage. Toute la végétation se réduisait à un petit nombre d'arbres rabougris qui disparaissaient dans le voisinage du lac. Sur la montagne même, il n'y avait ni eau douce, ni bois, ni fourrages. Le sel était mêlé au sable, à l'argile, aux roches solides, et l'eau de pluie devenait saumâtre en peu d'instants au contact du sol. Aussi Eyre ne rapporta-t-il de cette expédition que des souvenirs de désolation. Les noms qu'il a inscrits sur l'itinéraire de son voyage en font foi. On y trouve le mont Erreur, la plaine des Illusions. Parvenu à l'extrémité de la chaîne du Flinders, inquiet déjà pour la sécurité de ses compagnons et de ses chevaux, car il n'avait plus que très peu d'eau douce et de fourrages, il découvrit au loin une dernière montagne, le mont du Désespoir, et voulut en faire l'ascension avant de retourner sur ses pas ; mais, au-delà d'une plaine nue et désolée, il n'aperçut rien que le lac et les dunes qui s'étendaient à perte de vue.

Il paraissait donc impossible de pénétrer au centre du continent par cette voie. À supposer qu'une petite expédition bien équipée eût pu s'aventurer plus loin et découvrir, au-delà des terres fertiles, les colons et leurs troupeaux n'auraient pu traverser à leur suite cet affreux désert. Eyre revint à la tête du Golfe-Spencer, où le lac Torrens se termine, en laissant entre lui et la mer un isthme étroit. Il essaya alors de tourner la région des lacs par l'ouest ; repoussé par des buissons impénétrables, par l'absence d'eau et la privation de nourriture, il lui fallut encore revenir sur ses pas.

Ainsi les colons d'Adélaïde semblaient être arrêtés au nord par une barrière infranchissable. Après les belles plaines de la Murray, que l'on a surnommées le grenier de l'Australie, régnait le désert, et un désert d'une étendue considérable. La région des Lacs-Salés n'a pas moins de quatre degrés de large en latitude et presque autant en longitude, c'est-à-dire qu'elle occupe une surface à peu près aussi grande que l'Angleterre. Repoussé de ce côté par des obstacles qui lui paraissaient insurmontables, M. Eyre se résolut à tenter la fortune vers l'ouest. Était-il possible d'ouvrir une communication terrestre entre le Golfe-Spencer et les établissements européens de la Rivière des Cygnes, sur la côte occidentale ? Telle était la question que l'intrépide explorateur se proposait de résoudre.

La côte méridionale de l'Australie, vue sur une carte, présente dans sa partie gauche un grand renfoncement, de forme régulière, que les marins ont nommé la Grande-Baie (*Great-Bight*). Cette région est désignée plus habituellement sous le nom de Terre de Nuyts. Les navigateurs s'en éloignent le plus possible, parce qu'il n'y existe ni port, ni baie où l'on soit à l'abri, et surtout parce qu'un violent courant venant du pôle entraîne les navires à la côte. Le capitaine Flinders, qui avait reconnu ces parages au commencement du siècle, n'y avait trouvé qu'une plage unie, tantôt basse et sablonneuse, tantôt escarpée en falaises de 100 à 200 mètres de hauteur. Des roches verticales que le courant avait minées par la base, et qui semblaient sur le point de s'ébouler, étaient un obstacle à ce que l'on pût s'en approcher d'assez près, un seul fait paraissait bien établi, c'est que, sut toute la longueur de cette grande crique, qui a plus de 1,000 kilomètres de développement, aucun ruisseau ne se déverse dans la mer. La région intérieure ne pouvait être privée de pluie, car on voyait de gros nuages, chassés par le vent du sud, s'avancer au-dessus du continent. Que devenaient donc les eaux ? dans quelle direction s'écoulaient-elles ? A défaut d'une contrée fertile sur toute son étendue, ne pouvait-on rencontrer quelques oasis intermédiaires qui serviraient d'étapes pour passer d'une colonie à l'autre.

M. Eyre se mit en route sans autre escorte que trois indigènes et un européen qui l'avait accompagné dans ses expéditions précédentes et lui était entièrement dévoué ; il emmenait aussi quelques chevaux et quelques bœufs ; des barils pleins de farine et des barils vides, pour faire provision d'eau, composaient tout son bagage. Les difficultés de la marche apparurent bientôt. Le bord de la mer que suivaient les voyageurs est un plateau de craie rongé au pied par les vagues et couvert à sa surface par d'épais buissons qui s'étendent à perte de vue vers l'intérieur. Sur d'étroites dunes de sable, entassées par le vent, croissent çà et là des herbes maigres et à demi desséchées. Pendant le jour, un vent brûlant chargé de sable souffle de l'intérieur ; le soir, il est refoulé par une brise glaciale qui arrive de l'océan. À des distances de 200 à 300 kilomètres, on rencontre de petits amas de sable, et, en creusant jusqu'à la craie, on peut recueillir on peu d'eau saumâtre à la surface du roc. Ce fut la seule eau à peu près potable que les voyageurs rencontrèrent pendant leur longue pérégrination. Ils restaient quelquefois une semaine entière sans pouvoir renouveler leur provision. Pendant les premiers jours qui suivaient la découverte d'une fontaine, les chevaux marchaient volontiers et portaient sans peine les bagages ; puis, quoique le poids diminuât peu à peu, comme le panier d'Ésope, à mesure que l'on vidait les barils, leurs forces déclinaient ; il fallait abandonner sur la route une partie du chargement. Au cinquième ou sixième jour, les bêtes de somme étaient incapables de se traîner plus loin. Alors M. Eyre continuait son chemin, avec ses acolytes, en emportant les barils vides jusqu'au plus prochain mamelon. Le puits creusé, les hommes rafraîchis, on revenait en arrière pour sauver les animaux eux-mêmes et pour rechercher les bagages dont ils s'étaient allégés !

Il y avait deux mois que la petite troupe était en route, et déjà elle avait accompli la moitié du trajet, lorsqu'un affreux malheur vint s'ajouter aux périls et aux privations du voyage. À l'une des haltes de nuit, tandis que M. Eyre s'était éloigné du camp pour surveiller les chevaux qui paissaient au hasard, le fidèle Européen qui l'avait accompagné fut assassiné par deux des indigènes, et ceux-ci, après avoir commis ce meurtre, s'enfuirent dans le *bush* en emportant tout ce qu'ils purent prendre d'eau et de farine. On comprend le désespoir du malheureux abandonné dans le désert, sans provisions, avec un natif sur la fidélité duquel il n'osait plus compter. Il fut contraint de tuer les chevaux l'un après l'autre et de se nourrir de leur chair cuite au soleil. Heureusement les falaises s'abaissèrent ; une route plus facile lui permit de suivre le bord de la mer, où de temps en temps il attrapait quelques poissons. Enfin un baleinier français qui croisait dans ces parages le prit à son bord et le conduisit à peu de distance de la colonie d'Albany. Ce voyage, accompli au prix de tant de fatigues, n'eut d'autre résultat que de prouver la stérilité absolue de la Terre de Nuyts ou du moins de la partie de cette région qui avoisine la mer, car il est encore permis de croire que l'on trouverait à l'intérieur un chemin plus praticable. Toutefois aucune nouvelle tentative n'a été faite dans cette direction.

Ce fut M. Sturt, l'heureux explorateur du cours de la Murray, qui reprit, peu d'années après, la direction des expéditions vers le nord. Il se mit en route pendant l'hiver de 1844 à la tête d'un parti de seize hommes ; il avait pour premier lieutenant M. Poole et pour second M. Stuart, qui depuis s'est illustré lui-même en atteignant le premier le centre du continent et en le traversant tout entier d'une mer à l'autre. Afin d'éviter les pays désolés qu'Eyre avait déjà parcourus sans succès, Sturt, se dirigeant plus, à l'est, voulait remonter d'abord la vallée de la Murray, puis un de ses affluents, le Darling, dont les bords étaient en partie colonisés, et ne quitter cette dernière rivière qu'au moment où elle s'écarterait trop de la direction vers le nord, qui lui était assignée. Il accomplit sans danger cette première partie de son voyage ; mais ensuite il se trouva dans un district stérile, entrecoupé çà et là de petites vallées, — ce que l'on appelle *creek* dans la langue coloniale, — où l'eau se conservait dans des étangs entourés de maigres arbustes et d'un peu de verdure. C'étaient de véritables oasis au milieu du désert. Les premières chaleurs survinrent bientôt, desséchant tout à la ronde ; en dehors de la vallée où l'expédition s'était arrêtée, les ruisseaux étaient sans eau, l'herbe était brûlée par le soleil. Sturt se vit donc enfermé dans le désert sans pouvoir avancer ni retourner sur ses pas.

Ce que souffrirent les voyageurs dans cette prison d'un nouveau genre, il est à peine possible de le concevoir. Six mois durant, il ne tomba pas une goutte d'eau. La chaleur devenait excessive et tellement insupportable qu'il fut nécessaire de creuser une caverne dans le sol pour servir d'abri au milieu de la journée. Le bois et la corne se fendillaient. La laine des moutons et les cheveux des hommes cessaient de croître ; les ongles devenaient friables comme du verre. Nourris de viandes salées et abreuvés d'eau saumâtre, ils furent bientôt attaqués du scorbut. L'existence de toute la troupe dépendait du petit étang qui était près d'eux, et qui heureusement ne fut pas desséché. Lorsque l'automne revint et que les premières pluies tombèrent, M. Poole, épuisé par les privations, succomba et fut enterré sous une pyramide de pierres dans le voisinage d'une montagne qui a conservé son nom, monument durable des souffrances que ses compagnons et lui avaient ressenties.

Loin d'être découragé par ce pénible début, Sturt résolut de mettre à profit l'hiver qui revenait pour pénétrer plus avant. À une centaine de kilomètres au-delà du point où il venait de rester si longtemps confiné, il découvrit une nouvelle vallée suffisamment verte et arrosée pour que la troupe pût y faire un long séjour. Laissant alors dans ce dépôt la majeure partie de son détachement, il essaya de pousser une pointe au nord-ouest dans la direction du centre, suivi seulement de quatre hommes et de quelques chevaux. Le pays présentait toujours l'apparence d'un désert ; de longues dunes de sable courant parallèlement de l'est à l'ouest donnaient à toute la contrée l'apparence d'un océan qui eût été solidifié tout d'une pièce. Il n'y avait nulle trace d'eau ni apparence que ces ondulations du sol fassent dues à l'action d'un courant. Le vent seul, soufflant toujours dans le même sens, devait avoir amassé les sables en collines d'une monotone uniformité. Puis tout à coup les dunes cessèrent et firent place à une plaine immense, toute jonchée de cailloux roulés. Sur le sol d'une aridité absolue, il n'y avait ni eau, ni herbe, ni buisson. Les chariots et les chevaux passaient sans y laisser de trace. À la limite de cette plaine, connue sous le nom de Désert pierreux de Sturt, les voyageurs trouvèrent une autre plaine non moins aride, quoique d'une nature argileuse, et sillonnée de larges fissures que les chevaux évitaient avec peine. Toute cette région avait l'apparence du lit d'un immense torrent, de plus de cinquante kilomètres de large, où les eaux auraient roulé avec impétuosité, broyant et entraînant tout sur leur passage. Enfin les dunes de sable reparurent, et la petite troupe put se rafraîchir et reprendre quelque repos dans une étroite vallée où un mince ruisseau, la rivière d'Eyre, conservait encore une légère quantité d'eau. Sturt désirait ardemment continuer sa route dans la même direction ; si désolé que fût le pays où il s'était avancé, il touchait enfin à cette mystérieuse région centrale que nul n'avait encore abordée. Quelques jours encore, et le centre du continent serait atteint. En réalité, l'expédition était alors bien plus rapprochée du golfe de Carpentarie que d'Adélaïde, et, n'eut été l'intérêt géographique, elle pouvait retourner sur ses pas, car le triste aspect du pays prouvait abondamment que les colons n'y voudraient jamais pénétrer. Cependant Sturt fit encore deux ou trois étapes en avant jusqu'à ce que l'épuisement de ses compagnons et de ses chevaux l'eût contraint à revenir.

De retour au dépôt où le gros de sa troupe était resté, il repartit une seconde fois en prenant plus au nord, afin de tourner, s'il était possible, le désert pierreux et les plaines de sable qui lui avaient fait obstacle. C'est alors qu'il découvrit la belle et fertile vallée où coule la Rivière-Cooper, vallée devenue fameuse plus tard dans l'histoire (les explorations de l'Australie, parce que ce fut un lieu de relâche, un point de ravitaillement et malheureusement aussi un triste tombeau pour d'autres voyageurs dont il sera bientôt question. Dans cette oasis inattendue se trouvaient des arbres d'une belle venue et des pâturages comme en demandaient les colons d'Adélaïde ; mais au-delà les dunes reparaissaient, puis le désert pierreux, plus large peut-être que sur la route précédente, et les cailloux roulés, qui couvraient le sol au point de ne pas laisser à un arbuste la place de se développer ; rien à l'horizon qui pût indiquer où la stérilité s'arrêterait. Il fallut revenir en toute hâte ; une partie des chevaux, épuisés par une trop longue privation d'eau, fut abandonnée sur la route. D'ailleurs l'été arrivait à grands pas, et personne n'envisageait sans frémir la perspective d'une nouvelle captivité de six mois dans le désert. L'expédition fit une prompte retraite vers les bords hospitaliers du Darling, et put entrer sans accidenta Adélaïde après une absence de dix-neuf mois. N'ayant rien appris sur eux depuis leur départ, on les croyait perdus ; cependant à la joie de leur retour se mêlait un vif sentiment de déception, car l'impression générale que Sturt et ses compagnons rapportaient de ce long et pénible voyage était l'impossibilité absolue de pénétrer à l'intérieur du continent.

Il semble que la mort de Kennedy et de Leichhardt dans le nord-est et l'insuccès de Sturt dans la région centrale aient arrêté longtemps ceux qui eussent été tentés de les imiter. Pendant dix ans, de 1848 à 1858, on paraît craindre de s'engager dans l'intérieur, et il n'est plus question que de voyages sur les côtes occidentale et septentrionale. Dans le nombre, on remarque surtout les expéditions des frères Gregory. Pendant la campagne hydrographique qu'il avait accomplie autour de l'Australie de 1837 à 1843 pour lever le plan des côtes, le capitaine Stokes avait reconnu au nord du continent l'embouchure de plusieurs rivières, et les avait quelquefois remontées en canot jusqu'à 100 ou 200 kilomètres. Des vallées bien boisées et bien irriguées, de larges cours d'eau peuplés de crocodiles et d'alligators, des prairies naturelles entremêlées d'arbustes et animées par le ramage d'innombrables perroquets, tel était l'aspect de ces contrées où la nature des tropiques se développait dans toute sa splendeur. Des essais de colonisation furent faits en divers points de la côte, entre autres à Port-Essington, mais ne réussirent pas, sans doute en raison de l'isolement de cet établissement et peut-être aussi parce que le climat tropical convenait moins aux émigrants que la zone plus tempérée du sud. Les expéditions de découvertes manquaient donc d'une base d'opérations. Néanmoins Augustus Gregory, sous les auspices de la Société royale de géographie de Londres et avec l'aide du gouvernement anglais, entreprit en 1856 de pénétrer par cette voie au centre du continent. Après être sorti du bassin de la rivière Victoria, il se vit au milieu d'impénétrables broussailles qui retardaient sa marche, et eut souvent affaire à des tribus indigènes d'apparence assez hostile. Il ne put dépasser le vingtième, degré de latitude. Deux ans après, il entreprenait un nouveau voyage dans une région différente, et, parti de Brisbane, au nord de Sydney, il s'avançait vers la rivière Victoria de sir Thomas Mitchell, à la recherche de l'infortuné Leichardt. Il descendit ce cours d'eau et reconnut que la rivière Cooper de Sturt n'en est que la continuation. Par une coïncidence bizarre, Mitchell et Sturt s'étaient trouvés en 1845 dans le bassin de la même rivière et à peu de distance l'un de l'autre sans s'en douter. Gregory, poursuivant encore sa route dans le même sens, vit que cette vallée aboutissait au lac Torrens, découverte qui éclairait d'un nouveau jour la topographie de l'Australie. De même que la Murray réunit et déverse dans la mer, près du Golfe-Spencer, tous les ruisseaux issus des montagnes qui sont à l'occident de Sydney, de même les montagnes plus septentrionales donnent naissance à un immense cours d'eau qui, sous le nom de rivière Victoria, rivière Cooper, traverse obliquement tout le continent dans une direction parallèle au Darling et à la Murray, et vient se jeter dans le bassin du Torrens. À ce fleuve, que sa longueur et la largeur de son lit feraient classer parmi les plus importants du globe, il ne manque que de l'eau. Pendant une partie de l'année, c'est un canal desséché où les voyageurs périraient de soif, s'ils ne rencontraient de petits étangs qui conservent un peu d'eau à l'abri des arbres qui les ombragent ; c'est ce que les Anglais appellent *broken river*, régime habituel des rivières dans les pays chauds et peu accidentés.

Sur la côte occidentale, Frank Gregory, frère du précédent, explora aussi le bassin de plusieurs rivières sans jamais s'éloigner beaucoup de la côte ; mais ces voyages, utiles au point de vue de la colonisation, qui en était le principal mobile, n'ajoutèrent que peu de chose à la géographie générale du continent. Ce qui fut reconnu certain, c'est que, malgré un climat très variable et des eaux de mauvaise qualité, la côte occidentale offrait quelques plateaux d'assez bonne nature pour nourrir de nombreux troupeaux, et que le bassin des rivières contenait plus de terres labourables qu'il n'était besoin pour suffire à l'alimentation des propriétaires.

Cependant les habitants d'Adélaïde ne pouvaient se résoudre à rester renfermés dans les plaines de la Murray. À mesure que leurs troupeaux se multipliaient, ils avançaient peu à peu vers le nord et créaient des stations dans des districts réputés inhabitables. Les concessions de terrains compensaient par l'étendue ce qui leur manquait en fertilité, et les établissements européens, au lieu d'être limitrophes comme sur les bords de la Murray, s'espaçaient de trente à quarante kilomètres les uns des autres. On en vint par des progrès insensibles à créer des stations dans le voisinage du Mont du Désespoir, au milieu de la contrée sèche et salée qui avait rebuté Eyre quinze ans auparavant. De nombreux explorateurs, Swinden, Warburton, Babbage, fouillèrent dans tous les sens la région mystérieuse du Torrens et y reconnurent plusieurs bassins distincts. Au lieu d'une seule et unique dépression, on a trouvé le lac Eyre, le lac Gregory, le lac Torrens proprement dit, qui sont à des niveaux différents et séparés par de petites chaînes de collines. Enfin Stuart, le plus habile ou du moins le plus heureux des *bushmen* de l'Australie, fit en 1858 une expédition à l'ouest du Torrens et y découvrit un district d'une grande étendue, bien arrosé par des sources naturelles et couvert de l'herbe fine de kangourou, que les troupeaux préfèrent à toute autre. En récompense de cette belle découverte, le gouvernement local fit don à Stuart d'une vaste concession de terrain dans le pays qu'il venait d'ouvrir à ses compatriotes. Les colons l'y suivirent rapidement, et prirent pied, dans toutes les directions, à de grandes distances du bord de l'océan. Ces stations nouvelles, éloignées du littoral de plusieurs journées de marche, allaient devenir la base des opérations des explorateurs et le premier échelon de leurs nouvelles courses vers le centre. Nous arrivons à l'année 1860 et aux grandes expéditions qui ont soulevé le voile et révélé les secrets de l'intérieur du continent.

Peut-être, avant d'aller plus loin, est-il nécessaire d'adoucir l'impression un peu sombre que ces récits de voyages auront laissée dans l'esprit. Comment expliquer, dira-t-on, le prodigieux développement pastoral et agricole du nouveau continent, si le colon y rencontre tant de steppes et de Sahara ? Comment l'Australie peut-elle, si l'eau manque à chaque pas que l'on fait dans l'intérieur, nourrir un million d'habitants et élever vingt millions de têtes de bétail ? La réponse est facile, et la contradiction n'est qu'apparente. Les explorateurs ne nous font connaître que les mauvaises parties du territoire. Dans les districts fertiles, on n'avait pas besoin d'eux, ou bien leurs pérégrinations n'eurent rien de pathétique ni d'émouvant. Telle fut la longue promenade que Leichhardt accomplit en 1844 à travers la région du nord-est. Des montagnes d'une hauteur médiocre qui n'offrent pas des escarpements inaccessibles comme les alpes australiennes de la Nouvelle-Galles du sud, de vastes plateaux assez élevés au-dessus du niveau de la mer pour n'avoir pas l'aridité des plaines, de frais ruisseaux au fond de chaque vallée, une brise délicieuse qui modère les chaleurs du tropique, un sol d'alluvion où les plantes des climats chauds croissent sans culture et les productions des pays tempérés s'acclimatent sans peine, tout ce qui peut favoriser la colonisation se trouve réuni dans ce coin du continent. La Terre de Gipps, dans la province de Victoria, située à l'est de Melbourne, entre les Alpes et l'Océan, n'est pas moins bien partagée, quoique sous un climat plus tempéré. La végétation y a une apparence luxuriante, et de belles rivières, navigables jusqu'à cent ou deux cents kilomètres de leur embouchure, porteront bientôt des bateaux à vapeur qui viendront prendre les produits du sol. Sur la côte septentrionale, le capitaine Stokes donnait le nom de *Terre promise* aux plantes qu'il venait de découvrir au fond du golfe de Carpentarie. Cette réunion bizarre de terres fertiles et de terres stériles assez rapprochées les unes des autres est un des caractères saillants de la nature australienne. Ce fut un encouragement pour les colons à pénétrer plus avant. Au-delà des déserts de sable, on espérait toujours trouver l'eau, la végétation et la vie.

II

Vers l'année 1860, ce que l'on connaissait du régime fluvial de l'Australie et les explorations dirigées le long de cet immense et stérile cours d'eau qui, sous le nom de Rivière-Victoria, Rivière-Cooper, traverse obliquement le continent, avaient sans doute ébranlé la croyance à une mer centrale ; mais l'intérieur était encore fermé, et les tentatives désespérées de Sturt faisaient croire qu'il serait à jamais impossible de passer d'une mer à l'autre. L'opinion la plus répandue et certainement la plus probable à cette époque, d'après les résultats antérieurs, considérait la région centrale comme une steppe, sans eau et sans verdure. Cette énigme géographique, en apparence insoluble, allait être résolue, en l'espace de quelques mois, par plusieurs explorateurs et par diverses voies.

Assuré d'un lieu de ravitaillement dans le district que, deux ans plus tôt, il avait découvert à l'ouest du lac Torrens, Stuart se mit en route au mois de mars 1860, c'est-à-dire à l'automne, avec l'intention de s'avancer vers le centre. Il n'était accompagné que de deux amis. Le pays était bien un peu sec et couvert de broussailles qui embarrassaient la marche ; néanmoins la petite troupe franchit aisément ces obstacles. Un mois après son départ, elle se trouvait dans de grandes plaines entrecoupées de petites chaînes de montagnes et de vallées. Le sol était couvert de verdure ; l'avoine sauvage croissait admirablement sur le bord des rivières à l'ombre des gommiers. L'eau était abondante dans les étangs qui occupaient le fond des ravins, et la végétation qui entourait ces réservoirs naturels donnait lieu de croire qu'ils n'étaient jamais desséchés. L'herbe poussait même dans les champs pierreux que les voyageurs traversaient de temps à autre. C'était en résumé un excellent pays pour l'industrie pastorale. Sept semaines après avoir quitté les dernières stations de *squatters*, Stuart arrivait au point central du continent. À quelques kilomètres de là était une montagne, le mont Stuart, dont les voyageurs firent l'ascension. Parvenus au sommet, ils érigèrent une pyramide en pierres, et, arborant au haut d'une perche le pavillon britannique, saluèrent de trois hourras les couleurs nationales. L'expédition poursuivit ensuite sa route vers le nord sur un terrain recouvert d'arbrisseaux et de buissons épineux où les hommes et les chevaux eurent beaucoup à souffrir. Lorsqu'ils eurent dépassé le 19e degré de latitude, ils furent arrêtés par le nombre et l'attitude hostile des indigènes qui les entouraient, et furent contraints de revenir en arrière, ayant parcouru 2,600 kilomètres depuis leur départ d'Adélaïde et n'en ayant plus que 400 à franchir pour atteindre les bords du golfe de Carpentarie. Il est juste de rappeler que Gregory, qui, quelques années plus tôt, était descendu du nord au sud en partant de l'embouchure de la Rivière-Victoria, avait pénétré jusqu'au 20e degré de latitude, en sorte que la mission de 1860 eut le double mérite de passer au centre du continent et de parcourir dans toute son étendue la région intermédiaire qui n'avait pas encore été visitée. Le but principal, qui était de passer d'une mer à l'autre, n'était pas encore atteint ; mais il s'en fallait de bien peu.

L'événement prouvait que la traversée complète ne pouvait se faire sans dangers que si l'on réunissait une troupe assez nombreuse pour résister aux sauvages.

C'est pourquoi l'année suivante Stuart, se remit en route avec onze hommes et quarante-neuf chevaux, en suivant le chemin qu'il avait déjà parcouru. Fait bizarre : il n'avait pas plu depuis douze mois, car les traces du voyage précédent étaient encore visibles en quelques endroits. Dans la vallée où il avait fallu rebrousser chemin, il ne se trouvait cette fois aucun indigène. Au-delà venaient encore des forêts d'arbustes impénétrables, des plaines tantôt vertes et tantôt desséchées et des ravins avec des mares d'eau stagnante entourées de gommiers. Enfin l'expédition vit plus loin une immense plaine desséchée dont la monotonie n'était rompue que par des collines de sable rougeâtre où s'élevaient d'épais fourrés. Il était impossible de s'engager au milieu des buissons épineux de ce pays inhospitalier. De quelque côté que l'on essayât de se frayer un chemin, c'étaient toujours des bois, des sables, des pâturages ; mais pas une goutte d'eau malgré les pluies abondantes qui tombaient de temps en temps. Après de nombreuses tentatives en diverses directions, Stuart dut renoncer à pénétrer plus avant. Les provisions qu'il avait emportées allaient être consommées ; les chevaux étaient épuisés par la privation d'eau ; les hommes, fatigués et rebutés par ces échecs successifs, auraient eu à peine la force de regagner Adélaïde. L'expédition revint donc sur ses pas, alors qu'elle n'était plus qu'à 150 kilomètres du bassin de la Rivière Victoria ; mais, quoiqu'elle n'eût pas tout à fait atteint son but, qui était de traverser entièrement le continent, elle avait obtenu des résultats importants. Il était démontré que le pays au-delà du centre contenait de vastes plaines basses dont le terrain argileux convenait à l'élève du bétail, et que de larges étangs d'eau permanente, espacés à de faibles distances, suffiraient à abreuver de nombreux troupeaux pendant l'année tout entière. Seulement ces plaines argileuses se transforment souvent en marécages pendant la saison des pluies et se dessèchent rapidement ensuite, sans doute par l'effet d'une évaporation trop active.

Stuart repartit encore l'année d'après, en 1862, et parvint sans encombre au point où il avait été forcé de s'arrêter. Cette fois il put éviter le désert sablonneux et les forêts épineuses en appuyant plus à l'est. La contrée était praticable, les indigènes que l'on rencontrait étaient d'humeur pacifique ; cependant il était nécessaire de les tenir à distance, parce qu'ils allumaient l'herbe sèche et les broussailles, ce qui mettait en danger les voyageurs et leurs bêtes de somme. À mesure que l'expédition approchait de la mer, le pays semblait plus riche : le sol, formé d'alluvions noirâtres, était couvert d'herbes exubérantes où les hommes disparaissaient tout entiers ; la nature des tropiques se manifestait par des bouquets de palmiers ; les rivières, qui devenaient permanentes et plus larges, contenaient d'excellents poissons, précieuse ressource pour des hommes réduits depuis leur départ à ne consommer que des viandes salées. Stuart savait par ses observations astronomiques qu'il devait être très près de la côte ; les arbres étaient plus petits et rabougris, comme il arrive partout à proximité de l'océan. Enfin il entendit dans le lointain le grondement bien connu des vagues. Quelques pas encore et l'Océan-Indien s'offrit aux voyageurs ravis, but suprême de tant d'efforts et de fatigues. Le point où ils avaient touché la côte est voisin du cap Hotham, dans le golfe de Van-Diémen et à une faible distance à l'est de l'embouchure de la Rivière-Adélaïde. On arbora au haut d'un arbre le drapeau britannique au milieu duquel était brodé le nom du chef de l'expédition ; une boîte en fer-blanc fut enfouie au pied avec une courte relation du voyage, et la troupe se remit en route pour revenir vers le sud. Le retour ne fut pas heureux. Les noirs devinrent menaçants et entourèrent les voyageurs en poussant leur cri de guerre ; il fallut quelques coups de feu pour les tenir à distance ; puis Stuart fut pris du scorbut, et devint malade au point de ne pouvoir plus se tenir à cheval. Néanmoins l'expédition put rentrer sans pertes à Adélaïde après une absence de neuf mois. La population européenne fit un accueil magnifique et bien mérité à l'aventureux *bushman*, qui venait de lui ouvrir de si vastes domaines. Vingt mille colons allèrent, dit-on, au-devant de lui, avec le gouverneur de l'Australie-Méridionale à leur tête, et la législature de cette province lui décerna généreusement le prix de 50,000 francs qu'elle avait fondé en 1859 pour récompenser le premier qui traverserait le continent.

Les résultats les plus intéressants de ce troisième voyage sont dus à un naturaliste, M. Waterhouse, qui faisait partie de la mission, et qui a rapporté de nombreuses observations sur les contrées traversées. Par malheur, ce savant n'avait à sa disposition ni thermomètre ni baromètre, en sorte qu'il ne reste que des renseignements très vagues sur le climat et l'altitude du pays. Les instruments de précision sont difficiles à conserver lorsqu'on n'a d'autres moyens de transport que les bêtes de somme. Une partie des collections de botanique et de minéralogie fut perdue pour la même raison. M. Waterhouse divise le pays, au long du diamètre australien qu'il a parcouru, du Golfe-Spencer au golfe de Van-Diémen, en trois régions distinctes bien caractérisées. La première, en venant du sud, s'étend jusqu'aux environs du 27e degré de latitude ; elle est remarquable par la nature saline du sol et par de nombreuses sources qui jaillissent au milieu des plaines, et dont l'orifice est en général au sommet d'un petit mamelon conique : c'est le produit des dépôts successifs abandonnés par les eaux qui sont surchargées de sels de soude et de chaux. Le même effet a été observé déjà, on le sait, dans bien d'autres contrées. Les eaux de source sont aussi imprégnées de gaz, d'hydrogène carboné sans doute, qui leur donne une odeur désagréable. Cependant elles sont potables, et la région dont il s'agit, à part la sécheresse de l'été et la rareté de la végétation en certaines parties sablonneuses, convient bien à l'industrie pastorale qui s'y est déjà introduite. La nature saline du terrain paraît être plutôt favorable que nuisible aux bestiaux. La seconde région, comprise entre les 27e et 17e degrés de latitude, ne produit guère qu'une grosse herbe de saveur acre, que les colons désignent sous le nom « d'herbe de porc-épic. » Cette plante pousse d'habitude entre les buissons et indique un sol pauvre ; cependant les troupeaux s'en contentent. Au fond des ravins, on trouve des pâturages plus riches et des gommiers. La contrée offre l'aspect d'une plaine coupée par des chaînes de collines qui ne s'élèvent pas à plus de 500 ou 600 mètres. L'eau est rare ; peu de rivières conservent de l'eau pendant toute l'année, et la plupart ne sont que des mares stagnantes. Stuart ayant retrouvé d'une année à l'autre les traces de son passage sur le sol, il paraît probable qu'il n'y a pas de saison pluvieuse régulière, et que la faible quantité de pluie qui tombe accidentellement est bientôt enlevée par l'évaporation. Enfin la troisième région, qui s'étend entre le 176 degré de latitude et la mer des tropiques, présente d'abord des plaines d'alluvions assez fertiles où les arbres sont cependant encore rabougris, puis des vallées d'un bon sol noirâtre où la végétation est luxuriante, où l'eau est abondante, où les productions variées des tropiques croissent sans soins et sans culture. La canne à sucre et le cotonnier pourront se développer là sur d'immenses surfaces qui leur conviennent au mieux. Les indigènes paraissent aussi être beaucoup plus nombreux dans cette dernière région crue partout ailleurs. Petits, maigres, chétifs, sauvages, mais rarement hostiles, ils redoutent d'instinct l'approche des blancs, et allument devant eux de grands feux de broussailles et d'herbes sèches, comme s'ils voulaient arrêter ces intrus qui leur raviront un jour les domaines dont ils jouissaient paisiblement jusqu'alors.

Tels sont les voyages qui ont fait à Stuart une réputation brillante au nombre des plus intrépides explorateurs de l'Australie. Le premier, il a su rompre le charme qui enveloppait encore le centre du continent. Il a montré aux colons d'immenses espaces à occuper, il a accompli ces pérégrinations périlleuses sans jamais compromettre la vie de ses compagnons ; mais il n'eut pas le mérite d'être le premier à traverser le continent d'une mer à l'autre. Au moment où il s'engageait dans sa troisième expédition, deux autres voyageurs, Burke et Wills, partis de Melbourne, étaient arrivés déjà au golfe de Carpentarie ; moins heureux, ils ne purent jouir de leur triomphe et succombèrent en revenant vers leur point de départ.

Les découvertes géographiques, un peu négligées depuis quelques années, avaient repris vers 1858 une grande place dans les préoccupations des Australiens. Quelques colons de la province de Victoria se mirent à la tête du mouvement. Un comité se forma, sous les auspices de la Société royale de Melbourne, pour recueillir les souscriptions privées. La législature locale mit à la disposition de ce comité une somme de 225,000 francs, dont le tiers était destiné à l'achat de chameaux que l'on fit venir de l'Inde. Vingt-quatre de ces animaux, choisis en partie parmi les meilleurs coureurs et en partie parmi les plus robustes, arrivèrent en effet à

Melbourne au commencement de l'année 1860, et six autres, que des spéculateurs avaient amenés d'Arabie, furent achetés comme renfort. Lorsqu'il s'agit d'organiser le personnel de l'expédition, le comité de Melbourne fut assez embarrassé. La colonie de Victoria, n'ayant jamais eu de vastes espaces à explorer, manquait de *bushmen*, et tous les hommes qui s'étaient fait un renom d'expérience et d'énergie dans les voyages d'exploration, Gregory, Warburton, etc., étaient occupés dans leurs provinces respectives. Enfin le choix s'arrêta sur Robert O'Hara Burke, jeune homme d'origine irlandaise qui était depuis quelques années dans la colonie. Burke, ancien cadet de l'académie de Woolwich, avait servi dans l'armée autrichienne avant 1848. Il fut ensuite placé dans la force publique irlandaise et échangea cette position peu après pour un emploi analogue en Australie. Au moment de la guerre de Crimée, il était retourné en Europe avec l'espoir de rentrer au service militaire ; mais, arrivé trop tard pour suivre la campagne, il était reparti pour reprendre ses fonctions dans la province de Victoria, et s'en était acquitté de façon à se rendre très populaire dans les principales villes qui avoisinent les mines d'or. Son amour bien connu pour les aventures, le désir de se distinguer qu'il manifestait en toute occasion, le désignèrent au choix du comité ; il reçut le commandement de l'expédition projetée et s'occupa tout de suite, avec son activité habituelle, des préparatifs de l'entreprise.

John Wills, qui fut adjoint à Burke et chargé des observations astronomiques et météorologiques, avait fait en Angleterre, où il avait été élevé, de bonnes études scientifiques et s'était adonné plus spécialement à l'astronomie depuis son arrivée dans la colonie. Il était alors attaché à l'observatoire de Melbourne. Un médecin, un géologue, un lieutenant et neuf hommes d'escorte, scrupuleusement triés parmi de nombreux candidats, composaient, avec trois Indiens, tout le personnel. Les chevaux et les voitures avaient été soigneusement choisis ; des approvisionnements de tout genre étaient préparés pour suffire à un voyage de dix-huit mois. Les ressources considérables dont le comité disposait permirent d'équiper largement cette petite troupe, dont on attendait de grands résultats ; aussi ce fut un événement public que de la voir défiler dans les rues de Melbourne le 20 août 1860, jour de son départ. Il avait été convenu qu'elle se rendrait vers la Rivière-Cooper, où elle établirait un dépôt de vivres, et qu'ensuite elle se dirigerait vers le golfe de Carpentarie. On fut longtemps sans entendre parler de l'expédition. Onze mois seulement après son départ, le bruit se répandit à Melbourne que plusieurs hommes de l'escorte étaient morts du scorbut, et que MM. Burke et Wills, qui s'étaient engagés seuls dans l'intérieur, en emportant des provisions pour trois mois seulement, n'avaient pas encore reparu. Voici ce qui était arrivé.

La marche avait été très lente entre Melbourne et la Murray, et de cette rivière jusqu'au Darling. L'immense quantité de provisions que l'on emportait pour former un dépôt permanent retardait le convoi. Les chameaux étaient indisciplinés et difficiles à diriger. De plus, Burke, avec un caractère raide et ombrageux, s'était aliéné, paraît-il, l'esprit de ses inférieurs, et plusieurs d'entre eux l'abandonnèrent à Menindie, dernière station habitée sur le Darling, à 600 ou 700 kilomètres de Melbourne. Avant de quitter ce camp, la troupe fut reconstituée et s'adjoignit un nouvel officier, M. Wright, *bushman* expérimenté. Plusieurs hommes et une partie des chameaux furent laissés en arrière avec l'excédant de bagages qui alourdissait la marche. On repartit le 19 octobre, et sans autre accident on arrivait à la Rivière-Cooper le 20 novembre. C'était plus que la moitié du trajet total entre Melbourne et le golfe de Carpentarie, mais c'était la moitié la plus facile, puisque le pays était déjà connu ; d'ailleurs l'été était commencé, saison peu favorable pour s'engager dans une contrée déserte où l'on devait craindre la sécheresse. Effectivement, en se dirigeant vers le nord et le nord-ouest, on retombait sur le désert pierreux de Sturt et sur les dunes de sable dont ce voyageur avait fait une peinture si désolante. Wills s'avança seul dans cette direction avec trois chameaux, fit 140 kilomètres sans trouver de l'eau, et revint au campement avec beaucoup de peine. Encouragé quelques jours plus tard par de fortes pluies qui avaient dû rendre le terrain plus praticable, Burke se résolut à marcher au nord, en laissant en arrière une partie de ses hommes. Il partit avec Wills, un ancien soldat, King, et un colon, Gray, qu'il avait recruté à Menindie. Il emmenait six chameaux et un cheval chargés de vivres pour trois mois. Le reste de la mission devait attendre son retour pendant trois mois, dans un poste entouré de palissades que l'on avait construit, et se mettre, s'il était possible, en communication avec les établissements européens de la vallée du Darling. Qu'advint-il à Burke et à ses trois compagnons d'infortune dans les solitudes où ils venaient d'entrer ? On ne le sait que par le journal de voyage qui a été retrouvé et par la narration incomplète du seul survivant. Le désert de Sturt, qu'ils traversèrent d'abord, ne paraît pas leur avoir laissé l'impression navrante que le premier explorateur en avait rapportée. Quoiqu'il n'y eût sur le sol aucune trace d'humidité, l'herbe poussait çà et là entre les cailloux. Au-delà se présentaient des pâturages, des étangs dans des ravins, des rivières même. De temps en temps on apercevait des indigènes ou des traces de leur récent passage. Puis l'eau devient abondante, la végétation plus active, le paysage prend un aspect moins monotone ; tout annonce la proximité de la mer. En effet, le 11 février 1861, Burke et Wills, qui avaient encore laissé leurs deux compagnons un peu en arrière pour veiller sur les chameaux épuisés de fatigue, arrivent sur les bords d'une rivière où la marée se faisait sentir. Ils ne peuvent apercevoir l'océan, car des marécages couverts de buissons inextricables les empêchent d'avancer ; mais ils observent nettement le flux et le reflux des eaux. Le but de leur voyage était atteint ; il n'y avait plus qu'à songer au retour. Les notes que les explorateurs ont laissées deviennent plus succinctes et permettent à peine de soupçonner ce qui leur arriva. Le cheval et les chameaux périrent ; les provisions étaient épuisées. Gray, le plus robuste de ces infortunés voyageurs, succomba aux fatigues et aux privations de toute nature. Enfin, quand après cinq mois d'absence, le 21 avril, ils rentrèrent au dépôt de la Rivière-Cooper, où ils croyaient trouver des secours, le dépôt était abandonné. Épuisés, sans forces, sans provisions, ils étaient seuls dans le désert, à 500 kilomètres de tout établissement européen. Tout leur manquait, même les moyens de transport, car de leurs bêtes de somme il ne restait plus que deux chameaux. En cherchant de tous côtés pour s'assurer que le camp n'était pas simplement changé d'emplacement, ils virent gravé sur un arbre le mot *dig*, et, en fouillant au pied, trouvèrent des provisions et une note que l'on avait laissée à leur adresse pour expliquer les motifs du départ. Cette note était datée du 21 avril au matin ; il y avait quelques heures seulement que leurs compagnons s'étaient remis en route.

Burke, au moment de partir de la vallée du Cooper pour se diriger vers le nord, avait recommandé à Brahe, qui commandait le dépôt en l'absence du chef, de l'attendre trois mois, ou même plus, si les approvisionnements étaient suffisants. Brahe comptait être ravitaillé par le détachement qui était resté en arrière à Menindie, sur le Darling, sous le commandement de Wright ; mais ce dernier, ayant perdu plusieurs de ses chevaux, n'avait plus à sa disposition des moyens de transport suffisants. Bref, il séjourna trop longtemps à Menindie, et ne se mit en route qu'à la fin de janvier, au milieu de l'été. Pendant ce temps, le détachement de la Rivière-Cooper avait consommé ses provisions. Harcelés par les indigènes, malades du scorbut, les hommes qui le composaient désespéraient de voir revenir Burke et ses trois compagnons. Craignant de n'avoir plus la force de rentrer dans les districts habités, ils se mirent en marche pour revenir, et au bout de trois ou quatre étapes ils rencontrèrent Wright et sa troupe, qui arrivait enfin avec des vivres et des secours. Brahe et Wright, une fois réunis, jugèrent bon de retourner encore une fois à la Rivière-Cooper. Ils se retrouvèrent donc au dépôt peu de jours après que Burke y était arrivé ; mais, ne voyant aucun indice de changement, ils ne prirent pas le soin de fouiller la cachette où Burke venait d'enterrer son journal de voyage, et ils repartirent aussitôt, pour rentrer définitivement sur le Darling. Lorsque plus tard on connut l'étrange coïncidence qui avait réuni les trois détachements à leur insu, à quelques pas l'un de l'autre, il y eut une explosion d'indignation contre la conduite égoïste ou imprudente de Wright et de Brahe, qui étaient repartis sans se livrer à des recherches suffisantes, et qui auraient, en tardant un peu, sauvé la vie des voyageurs absents. Il ne paraît pas cependant que ces reproches soient fondés. On était au plus mauvais moment de l'année pour séjourner dans cette région ; les indigènes étaient très hostiles, le scorbut faisait d'affreux ravages dans le personnel de l'expédition ; quatre hommes périrent avant que la troupe ne fût rentrée dans les districts habités, et peut-être, si elle eût tardé davantage, les autres n'eussent-ils pas eu la force de marcher jusqu'au bout.

Burke, Wills et King restaient donc seuls dans la vallée du Cooper, avec cette triste certitude qu'après cinq mois d'absence ils n'avaient manqué leurs compatriotes que de six ou sept heures. Que devaient-ils faire ? Se diriger vers Menindie, à la suite de ceux qui venaient de partir. En réalité, cette résolution les eût sauvés, puisque le détachement revint en arrière peu de jours après son départ ; mais il y avait 600 kilomètres au moins à faire dans cette direction avant d'arriver au Darling, et aucun d'eux n'était capable d'un si long trajet. Avant leur départi de Melbourne, ils avaient entendu dire qu'une station de moutons avait été créée près le Mont du Désespoir, à 250 kilomètres environ au sud-ouest du camp où ils se trouvaient abandonnés. Ils descendirent lentement la vallée du Cooper dans cette direction, en emportant les provisions qui leur avaient été laissées. Bientôt les deux chameaux périrent ; l'eau, les aliments, tout manquait à la fois aux malheureux voyageurs. Ils rencontrent une tribu indigène qui partage avec eux leur *nardou*, espèce de cryptogame dont les petits grains, écrasés entre deux pierres et transformés en farine, fournissent un assez bon aliment. Au bout de quelques jours, les trois Européens n'eurent même plus la force de broyer leur nourriture journalière. Désespérant de parvenir jamais jusqu'au Mont du Désespoir, ils revinrent près de l'ancien dépôt, et enfouirent dans la cachette qu'ils avaient déjà ouverte la relation de leurs dernières pérégrinations. C'était leur testament ; épuisés par les fatigues et les privations, ils allaient périr d'inanition. Burke mourut le premier ; Wills ne lui survécut que de quelques jours ; quant à King, il réussit à se faire admettre dans une tribu d'indigènes. Ces hommes, dont tant d'autres voyageurs avaient eu à se plaindre, l'accueillirent avec bienveillance, le soignèrent de leur mieux, le nourrirent, comme ils se nourrissaient eux-mêmes, de nardou et de poissons. Au mois de septembre, une petite troupe, envoyée de Melbourne à la recherche des voyageurs perdus, vint enfin l'arracher à cette vie sauvage à laquelle il allait succomber. Cette expédition rendit ensuite les derniers honneurs à Burke et à Wills, qui gisaient encore aux lieux où ils étaient tombés, recueillit leurs papiers et tous les souvenirs de cette longue et cruelle agonie, fin déplorable d'un voyage entrepris sous les meilleurs auspices. La colonie de Victoria fit rapporter à Melbourne les restes de Burke et de Wills, vota des fonds considérables pour élever un monument à leur mémoire, et honora par des funérailles publiques ces hommes qui étaient tombés dans la fleur de l'âge, victimes de leur amour pour la science et les découvertes. La Société royale de géographie à confirmé depuis ces témoignages de la reconnaissance publique en décernant aux héritiers de Richard O'Hara Burke sa grande médaille d'or, la plus haute récompense que puisse accorder cette société savante. Les voyages de Stuart et de Burke font époque dans l'histoire des explorations de l'Australie : tous deux ont réussi à traverser cet immense continent que l'on regardait avant eux comme impénétrable, et y ont acquis une juste célébrité. Auquel des deux revient la plus grande part de mérite ? C'est une question qu'il n'est peut-être pas hors de propos d'examiner ici. Au moment où Burke se mettait en route, Stuart avait déjà dépassé le centre ; il avait pénétré bien plus loin jet n'avait été arrêté que par l'hostilité des indigènes. L'année suivante, dans son second voyage, lorsque son rival touchait aux rives du golfe de Carpentarie, il était encore repoussé du but par l'épuisement de ses vivres et par les buissons inextricables qu'il avait rencontrés sur son chemin. Lorsqu'enfin Stuart descendait sur les rivages de l'Océan-Indien, en juillet 1862, il y avait dix-huit mois que Burke avait observé l'effet de la marée sur les bords de la rivière qui fut le terme extrême de son voyage. Il n'y a donc pas de doute sur la question de priorité, Burke est passé le premier d'une mer à l'autre ; mais, à cela près, les résultats obtenus par Stuart ont infiniment plus de valeur. Burke n'a pas vu la mer, car il s'est arrêté dans les marais qui s'étendent au long de la côte, tandis que Stuart a planté son drapeau au bord même de l'océan. Stuart a coupé le continent par le centre dans sa plus grande largeur ; il a fourni une course bien plus longue à travers les pays inconnus. Ne faut-il pas lui tenir compte aussi de sa prudence et de son habileté en tant que chef d'expédition ? Il n'a perdu aucun de ses compagnons ; il a su les préserver des maladies et accomplir son œuvre avec les seules ressources dont il disposait. L'expédition de Burke, au contraire, a été marquée par des pertes cruelles ; d'une vingtaine d'hommes qui y ont pris part, sept ont péri. Avec les subventions que le gouvernement et ses compatriotes avaient généreusement mises à sa disposition, il n'a pas su prendre les mesures qui assurent le succès. À chaque instant, on sent, dans la relation de son voyage, les marques de l'inexpérience et de l'imprévoyance qui lui ont coûté la vie.

Avant même que l'on eût appris à Melbourne la triste issue de cette expédition, les colons de la province de Victoria s'étaient préoccupés des voyageurs dont ils n'avaient reçu aucune nouvelle depuis longtemps, et lorsque Wright et Brahe rentrèrent dans la colonie sans être accompagnés par Burke, il fut décidé que l'on enverrait d'autres explorateurs à sa recherche. Les autres colonies donnèrent de pareilles preuves de sympathie aux malheureux que l'on supposait être perdus dans le désert. Tandis que le gouvernement de Victoria expédiait au fond du golfe de Carpentarie un bâtiment sur lequel étaient embarqués des chevaux, des hommes, des provisions, tout ce qu'il fallait pour organiser une expédition dont M. Landsborough prit le commandement, la Terre de la Reine faisait partir de Rockampton une autre troupe qui, sous les ordres de M. Walker, se rendait à travers la colonie au point où ce bâtiment devait aborder. En même temps aussi, l'Australie-Méridionale organisait une expédition sous les ordres de M. Mac-Kinlay. Ces trois entreprises n'atteignirent pas le but que l'on s'était proposé, car au moment où elles étaient prêtes à se mettre en route, le sort de Burke et de Wills était déjà connu. Néanmoins elles ont parcouru de vastes espaces de pays nouveaux et ont contribué pour beaucoup aux progrès géographiques, la dernière surtout qui mérite de plus longs développements en raison du long trajet qu'elle a parcouru et des renseignements importants qu'elle a recueillis.

M. Mac-Kinlay avait tenu compte, en organisant la mission qu'il allait diriger, de l'expérience que ses prédécesseurs avaient trop chèrement acquise. Il emmenait avec lui six hommes, ce qui était une force suffisante pour résister aux attaques des indigènes. Quatre chameaux et vingt-quatre chevaux portaient les bagages ; il y avait même des chariots, mais on devait les abandonner aussitôt qu'on rencontrerait trop d'obstacles à leur marche. On devait encore s'adjoindre des indigènes qui serviraient de guides ou d'interprètes dans les régions centrales. Quant aux approvisionnements de vivres, ils étaient assez abondants pour un long voyage. On avait eu soin d'y joindre des substances antiscorbutiques, graine de moutarde, acide citrique, fruits secs, enfin tout ce qui pouvait préserver les voyageurs contre cette affreuse maladie. On se faisait suivre, dans la même intention, d'un troupeau de douze bœufs et d'une centaine de moutons. Enfin les instructions minutieuses données au chef de la mission prescrivaient les mesures à prendre pour qu'on laissât des points de repère destinés à faciliter des explorations nouvelles. Des lettres gravées sur l'écorce des arbres, des pyramides de pierre élevées auprès de chaque campement, des papiers enfouis dans des bouteilles, devaient en quelque sorte jalonner la route pour ceux qui suivraient plus tard le même chemin.

Mac-Kinlay partit d'Adélaïde le 16 août 1861, en se dirigeant vers le nord. Il mit six semaines à atteindre la limite des territoires occupés par les *squatters*, qui s'étendaient déjà dans cette direction jusqu'à 650 kilomètres d'Adélaïde. On peut dire toutefois qu'avant d'arriver aux confins de la colonie il était déjà dans le désert. C'était la contrée découverte par Eyre dix-sept ans auparavant ; c'était le bassin de ce mystérieux lac Torrens, couvert d'eau après les grandes pluies, desséché dans la saison chaude. De rares stations de troupeaux disséminées sur de grands espaces arides étaient là pour prouver qu'il n'y a pas de district si stérile que l'industrie pastorale ne puisse s'y établir avec succès. Au-delà de Blanchewater, le dernier point habité par des Européens, la mission poursuivit sa route dans une contrée qui n'était pas pire que la précédente. L'eau était rare, il est vrai. On faisait parfois deux ou trois étapes sans en rencontrer, mais on arrivait ensuite dans le voisinage de plusieurs lacs autour desquels s'étendaient de magnifiques herbages. Les indigènes paraissaient très nombreux ; peut-être était-ce toujours la même tribu qui suivait pas à pas l'expédition. Après la région des lacs, Mac-Kinlay parcourut le désert de Sturt ; mais ce n'était pas la steppe aride et desséché qu'il s'attendait à voir. Où Sturt avait été sur le point de périr de soif, Mac-Kinlay et sa troupe faillirent être noyés. Il tombait à ce moment des pluies torrentielles, les voyageurs avançaient avec lenteur, à demi embourbés dans un sol détrempé. Pendant une semaine que les pluies persistèrent, l'expédition suivit le bord d'un ravin où coulait une petite rivière. L'eau, sortant de son lit, inonda bientôt tout le pays environnant, et s'étendit jusqu'au campement que Mac-Kinlay occupait alors. Hommes et bêtes, réunis dans un espace étroit, craignaient d'être engloutis par ces flots qui s'avançaient vers eux en tourbillonnant. Échappés à ce péril, ils entrèrent bientôt après dans la région tropicale, où ils retrouvèrent de belles plaines, des rivières paisibles, de petites chaînes de montagnes couvertes de verdure. Çà et là cependant des buissons épineux indiquaient de mauvais cantons, mais c'était sur une faible étendue de terrain. Enfin ils approchèrent du golfe de Carpentarie ; la région qui l'avoisine a présenté à tous les explorateurs qui l'ont parcourue une remarquable uniformité. Tous y ont vu un sol excellent, une végétation exubérante. Le 29 mai 1862, neuf mois après son départ d'Adélaïde, Mac-Kinlay arrivait au terme de son voyage, sur les bords de la rivière Leichhardt, assez près de l'océan pour observer sur la rivière le flux et le reflux quotidien ; il ne put poursuivre jusqu'au littoral, empêché qu'il était par les marais et les buissons, qui entravaient la marche des bêtes de somme.

La partie la plus importante du voyage et en apparence la plus pénible était terminée. La traversée de l'Australie s'était effectuée sans accident et presque sans privation. La mission n'avait parcouru en réalité aucun district qui fût plus stérile et plus aride que les cantons de la province méridionale que les colons occupent déjà. Toute la troupe était en bon état ; cependant les vivres n'étaient pas assez abondants pour qu'il fût possible de revenir dans le sud par le même chemin. Mac-Kinlay résolut donc de rapatrier ses hommes en se dirigeant vers Port-Denison, à l'embouchure de la Rivière-Burdekin, l'établissement le plus septentrional de la Terre de la Reine. C'était un trajet de 700 à 800 kilomètres. Le pays était bon et n'offrait d'autre difficulté que le passage à gué de plusieurs grosses rivières ; mais les hommes commençaient à être abattus par les fatigues et les, privations d'un long voyage. Quelques-uns étaient pris de la fièvre ; les bêtes de somme, épuisées, pouvaient à peine porter leur chargement et périrent en partie. Il n'y avait plus ni thé, ni sucre ; il restait si peu de farine que l'on se réduisait à la plus faible ration par crainte de n'en pas avoir assez pour aller jusqu'au bout. Enfin l'expédition atteignit le 5 juillet le cours du Burdekin et fut reçue avec empressement par des colons qui s'étaient déjà établis dans le haut de la vallée.

C'est ici que s'arrête pour le moment l'histoire des explorations de l'Australie. On voit combien d'hommes ont succombé à la tâche, quelles souffrances ont éprouvées ceux qui ont survécu. Ceux qui compléteront la reconnaissance topographique du continent souffriront moins assurément que leurs prédécesseurs, parce qu'ils sauront mettre à profit les enseignements de l'expérience. Depuis quelques années, les expéditions sont déjà sans contredit mieux conçues, mieux dirigées qu'elles ne l'étaient autrefois. On a des idées plus justes sur la façon dont les voyages doivent être entrepris pour produire de bons effets. Ainsi il n'arrivera plus sans doute que deux ou trois hommes se hasardent seuls à l'aventure dans les solitudes du centre ; on sait qu'il convient d'être en nombre pour tenir tête aux indigènes en cas d'attaque. Les moyens de transport ont aussi été perfectionnés. Les chariots sont décidément abandonnés parce qu'ils causent trop d'embarras. Les chameaux ont paru au contraire éminemment utiles et s'acclimatent si bien qu'il a été question d'en introduire un grand nombre dans la colonie et de les appliquer aux transports de tout genre. Plus élevés que les chevaux, ils ont, dit-on, cet avantage, qu'ils peuvent franchir les rivières et les marécages sans dommage pour les fardeaux qu'ils ont à transporter. On leur reproche néanmoins un grave inconvénient, et ceci fera juger d'un mot les souffrances auxquelles sont exposés les explorateurs : on leur reproche d'avoir une chair coriace, dure à la cuisson, et de ne pouvoir, en cas de disette absolue, servir d'aliment à de malheureux affamés. Il est arrivé plus d'une fois en effet que les chevaux ont été sacrifiés, comme ressource suprême, après épuisement de toutes les provisions de vivres. Leur chair, découpée par bandes et cuite au soleil, a été en bien des occasions la seule nourriture des voyageurs. La terre australe n'est pas riche en animaux sauvages ; aussi ne peut-on compter sur les produits de la chasse pour assurer la nourriture de tous les jours. Il faut donc que la colonne expéditionnaire emporte avec elle ce qui lui est nécessaire. De la farine dont on fait des galettes cuites sous les cendres chaudes, du riz, du lard et des viandes salées, du thé et du sucre, — des médicaments, au nombre desquels on comprend un petit assortiment de liqueurs fortes, du tabac, de la poudre et des armes, voilà tout Ce qui compose, avec les tentes et les couvertures, le bagage indispensable des voyageurs. C'est avec ces modestes ressources qu'ils parcourent des milliers de kilomètres et qu'ils séjournent des mois et des années dans des régions inconnues.

Sans contester le courage et l'abnégation qu'exigent de telles expéditions, il est à remarquer cependant qu'elles n'ont jamais eu pour mobile principal les recherches scientifiques. La science en réalité n'y a pas beaucoup gagné. Sauf les observations astronomiques, qui sont indispensables pour se piloter dans le désert, les voyageurs ne se sont guère préoccupés d'étudier les pays qu'ils traversaient. Leurs entreprises avaient, on le sait, un but plutôt industriel que scientifique. Ouvrir de nouveaux espaces à l'industrie pastorale et de nouvelles voies au commerce, découvrir des districts aurifères, telles étaient les préoccupations dominantes. Ces recherches d'une utilité pratique portaient en elles-mêmes leur récompense. Les colons ont toujours rémunéré largement l'explorateur qui livrait de nouveaux terrains à leur activité. Il en est qui ont fait fortune à voyager dans le désert comme d'autres à élever des moutons ou à creuser les mines d'or. Plus tard viendront sans doute les savants qui étudieront mieux le pays et ses productions. Néanmoins, quelque vagues et incomplets que soient les récits de voyages, il est possible de se former dès à présent, d'après les indications qu'ils fournissent, une idée assez nette de la géographie physique du continent austral. Quels sont le climat, la configuration du sol et les ressources naturelles de l'Australie ? Quels sont les caractères dominants qui la distinguent des autres terres du globe ? Telles sont les questions qui se posent naturellement. En étudiant cette contrée à ces divers points de vue, on comprendra mieux les obstacles que les émigrants ont rencontrés et les causes qui ont favorisé leurs progrès.

Chapitre II

Nature et paysage

L'Australie, longue d'environ 4000 kilomètres d'est en ouest, et d'environ 2000 kilomètres du nord au sud, s'étend du 11ᵉ au 39° degré de latitude méridionale, et du 111ᵉ au 152ᵉ degré de longitude à l'est du méridien de Paris. Une grande chaîne de montagnes parallèle à la mer règne au long de la côte.

Il est donc permis de tracer à grands traits le tableau physique de l'Australie ; mais, pour s'en faire une idée complète, il faut élargir le point de vue et considérer en même temps les mers qui l'enveloppent. Au sud et à l'ouest, c'est l'Océan-Austral et l'Océan-Indien, mers profondes, sans îles, immenses masses d'eau qui s'étendent sans interruption jusqu'aux glaces du pôle et jusqu'à l'Afrique continentale. À l'est et au nord, ce sont au contraire des mers de faible profondeur d'où surgissent les nombreux archipels de la Polynésie et de la Malaisie. Le fond se relève si près du niveau supérieur des eaux, qu'il suffirait d'un abaissement de 2 à 300 mètres pour mettre à sec tout l'espace compris entre l'Asie et l'Australie, tandis que, dans notre Europe, un pareil abaissement augmenterait à peine l'étendue de la surface découverte. Au point de vue topographique, les îles de la Sonde, l'Australie et la

Terre de Van-Diémen, qui lui fait suite, sont bien une dépendance de l'Asie. Dans toute l'étendue de la mer qui les sépare, le marin sent pour ainsi dire à chaque instant le sol qui est à une faible profondeur au-dessous de la quille de son navire. On dirait d'un ancien continent dont les eaux auraient envahi les vallées et les plaines basses, ne laissant plus apparaître que les sommets les plus élevés. Cette région a d'ailleurs une tendance marquée à émerger de nouveau au-dessus de l'océan. Les insectes corallins couronnent les pics sous-marins et les élèvent insensiblement au niveau de la mer. Ils ont déjà construit au long de la côte orientale une ligne continue d'écueils que l'on appelle la Grande-Barrière, récifs redoutables qui s'étendent depuis le détroit de Torrès jusqu'au tropique, et qui rendent la navigation plus dangereuse en ces parages qu'en tout autre point du globe.

Or on a remarqué que dans tous pays le relief du sol émergent est, par une sorte de compensation naturelle, en proportion avec la profondeur des mers avoisinantes. Il n'y a donc pas à s'étonner que l'altitude moyenne de l'Australie soit peu considérable. En outre on a pu déjà reconnaître qu'il s'y trouve des plaines d'une vaste étendue qui ont de 100 à 200 mètres d'élévation, des plateaux qui vont à 500 et 600 mètres. Les montagnes y sont au contraire peu élevées et marquent des saillies à peine sensibles sur un terrain relativement plat et uniforme. Sur ce continent, qui se distingue ainsi des autres continents par une sorte de nivellement général, il existe cependant une grande chaîne de montagnes qui règne tout au long de la côte orientale, depuis la péninsule d'York jusqu'à l'extrémité de la Terre de Van-Diémen, et porte les noms de « Montagnes-Bleues, Alpes australiennes, » ou plus généralement de « grande Chaîne de Séparation. » C'est en effet sur la ligne de faîte de cette chaîne que s'opère le partage entre les eaux qui coulent à l'est et celles qui coulent à l'ouest. Comme en Amérique, où les Cordillères sont très proches de l'Océan-Pacifique et très éloignées de l'Atlantique, cette ligne de partage est sur le bord extrême du continent. Les principaux sommets n'ont d'ailleurs qu'une médiocre élévation. Ils atteignent rarement 3,000 mètres au-dessus du niveau de la mer ; il n'y a là rien de comparable aux grandes masses de montagnes qui occupent le centre de l'Amérique, de l'Asie et même de l'Europe. Des chaînons secondaires s'en détachent à angle droit en se dirigeant vers l'intérieur. Le plus important est celui qui traverse la colonie de Victoria, de l'est à l'ouest, sous les noms de monts Pyrénées, Grampians. C'est à cette chaîne secondaire qu'appartiennent les monts Ararat, William, Alexander, et c'est là qu'ont été découverts les fameux champs d'or de Ballarat et de Bendigo.

Cette chaîne de montagnes fait la prospérité des trois colonies qu'elle traverse, Victoria, Nouvelle-Galles du sud et Terre de la Reine, plus encore par l'influence qu'elle exerce sur le climat que par les richesses minérales qu'elle recèle. Entre la ligne de faîte et la côte du Pacifique, c'est une succession ininterrompue de belles vallées, de petites rivières qui sont navigables sur une faible étendue, mais qui ne sont jamais à sec. Sur toute cette côte, qui a plus de 3,500 kilomètres de long, on connaît a peine quelques districts stériles. Les ports naturels sont nombreux, les rades sont spacieuses, bien abritées, et certaines d'entre elles sont citées parmi les plus belles du monde, celle de Sydney par exemple. Les montagnes, assez escarpées dans la province de Victoria, deviennent tout à fait abruptes dans la Nouvelle-Galles du sud ; on a cru pendant longtemps qu'il serait impossible de trouver des défilés praticables. Plus au nord, dans la Terre de la Reine, les sommités s'abaissent, s'arrondissent, et deviennent même propres à la culture. L'angle nord-est du continent est formé de hauts plateaux d'une fertilité admirable, où les chaleurs du tropique sont heureusement amorties par l'altitude du terrain. En résumé, toute la côte du Pacifique est promise à un brillant avenir, parce que la nature y a réuni tout ce qui fait les pays riches : un sol fertile, un climat tempéré et des eaux abondantes. On peut dire tout de suite que les autres côtes de l'Australie offrent à des degrés divers, et sur une étendue plus restreinte, les mêmes éléments de prospérité, sauf l'épouvantable Terre de Nuyts, entre le Golfe-Spencer et le Port-du-Roi-George, qui n'est qu'une plage sablonneuse et stérile. En particulier, dans la région septentrionale, on connaît déjà un grand nombre de rivières dont les vallées encore désertes peuvent être comparées aux plus riches pays intertropicaux. C'est la même exubérance de végétation, la même fertilité du sol, mais aussi sans doute le même climat malsain pour les Européens. On comprend que les émigrants se fixent plus volontiers au sud de l'Australie, où ils retrouvent, à peu de chose près, la température de leur pays natal.

On sait quel est l'aspect des côtes de l'Australie ; mais l'intérieur, quel est-il ? Après avoir franchi la ligne de faîte de la grande chaîne, on redescend sur les plateaux ; puis, peu à peu, le sol s'abaissant encore, on arrive à la région longtemps inconnue, au désert, que les premiers explorateurs nous ont peint sous des couleurs si sombres, et que les derniers ont traversé sans péril. Il n'y a plus là de rivières au cours régulier ; à peine rencontre-t-on des mares d'eau stagnante ou des lacs salés. Le sol est en général aride et recouvert d'une végétation chétive. Souvent on y distingue des bancs de galets, des dunes disposées en lignes parallèles et régulières, comme au bord de l'océan. Les plateaux pierreux occupent de grandes surfaces. Le grès surtout domine, notamment dans le bassin des lacs salés de l'Australie méridionale. Plus ou moins agrégé par un ciment calcaire, il présente toutes les variétés d'aspect depuis la roche dure jusqu'au sable fluide. Sous ce rapport, il y a une analogie frappante entre l'intérieur de l'Australie et les parties désertes de l'Afrique septentrionale. À quelle cause sont dues ces steppes couvertes de pierres ou de sables ? Comment se fait-il que la couche de terre végétale, riche et épaisse près des montagnes, manque totalement en des régions voisines ? On a supposé d'abord que la surface de l'Australie est un ancien archipel, et que les parties dénudées sont celles qui sont émergées les dernières du fond de la mer. On a émis ensuite l'hypothèse que la masse du continent s'est soulevée tout d'une pièce à son niveau actuel, et que les eaux, surprises par ce grand cataclysme, ont, en s'écoulant vers les régions les plus basses, ruiné, raviné, ravagé tout ce qui se trouvait sur leur passage. Les déserts actuels marqueraient le chemin parcouru par les eaux à la suite de ce soulèvement. L'une et l'autre de ces hypothèses s'accorde assez mal avec les théories géologiques modernes. Que sont donc ces terrains stériles ? Sans doute des terrains de sédiments qui ont trop de cohésion et de dureté pour nourrir les plantes. Il leur manque la couche d'alluvions qui fait la richesse des vallées, et qui se forme de nos jours, sous nos yeux, sur le parcours de tous les cours d'eau. Il leur manque même le *diluvium*, ce dépôt de matières finement broyées et divisées qui constitue les terres propres à la culture, et qui est dû sans doute à d'immenses courants d'eau, à de grands déluges. Lorsqu'un cataclysme terrestre amène de nouvelles surfaces à la lumière du soleil, les terrains qui émergent ainsi ne sont pas capables de produire tout de suite les végétaux. Il faut d'abord qu'ils soient parcourus par les eaux courantes, qui arrachent aux montagnes des éléments minéraux de nature très diverse, les broient, les triturent et les mélangent pendant le transport, et les déposent sous forme de terre végétale. La préparation naturelle que doivent subir les terrains de sédiment pour devenir productifs n'est pas encore terminée dans le centre de l'Australie. L'homme est venu quelques siècles trop tôt sur ce sol encore imparfait.

Si ces contrées arides nous montrent une image rétrécie de ce que devait être la terre entière aux époques antédiluviennes, elles nous prouvent aussi combien les dégradations successives du sol brut ont indue sur le climat et les phénomènes météorologiques. Privé des pluies abondantes et régulières qui enrichissent les autres pays et des brises rafraîchissantes de la mer, le centre du continent a encore le désavantage de n'avoir ni hautes montagnes pour assembler les nuages, ni forêts pour conserver l'humidité à la surface du sol. Ce sont des plaines nues brûlées par un soleil presque tropical. Les pluies qui y tombent sont rares, incertaines et tout à fait insuffisantes pour compenser une évaporation très active. Aussi les vents qui traversent ce pays deviennent-ils secs et chauds comme au sortir d'une fournaise. Ces vents soufflent d'habitude du nord au sud, vers les colonies du sud et du sud-est, Victoria et l'Australie-Méridionale, où l'on en ressent à certains jours les désastreux effets. Ils sont surtout gênants pendant les années où la région intérieure reste tout à fait à sec. D'autres fois, au contraire, des pluies excessives tombent sur la région centrale et en renversent immédiatement le climat habituel. L'aspect du sol change aussi tout à coup. Partout où il y a un peu de terre, les plantes, nourries par un air chaud et vivifiant, croissent avec rapidité. Les vents deviennent humides, et les colonies voisines ressentent bientôt l'effet de ces changements ; leur climat s'adoucit ; leur été est doux et tiède au lieu d'être brûlant. Ces changements rapides, cette incertitude des phénomènes météorologiques, expliquent parfaitement les rapports contradictoires des voyageurs qui ont abordé la région centrale. L'été de 1844 à 1845 pendant lequel Sturt faillit périr de soif et de chaleur dans le désert fut remarquable par une sécheresse plus prolongée et plus intense que dans les années communes. Sur les côtes de la province de Victoria, il ne tomba pas une goutte de pluie pendant quatre mois, de décembre à avril.

Eaux de pluie ou eaux courantes, c'est en somme l'insuffisance des eaux qui fait la pauvreté de l'Australie centrale. Tantôt elles manquent tout à fait, et des voyageurs retrouvent d'une année à l'autre la trace de leur premier passage. Tantôt aussi elles se précipitent impétueuses, torrentielles, et menacent d'engloutir tout ce qui se trouve sur leur passage. Il semble qu'il y ait ici un cercle vicieux auquel on ne peut échapper, et que les torrents d'un jour soient précisément un obstacle au développement de la végétation qui les transformerait en ruisseaux paisibles et féconds. On croirait volontiers que, les arbres ne pouvant croître sur un sol desséché et le sol ne pouvant rester humide tant qu'il sera dépourvu de végétation, le centre du continent est condamné à une stérilité perpétuelle ; mais la nature a par elle-même la force d'améliorer. Les torrents, si éphémères qu'ils soient, déposent des détritus qui fécondent ; les végétaux, qui se développent après leur passage et grâce à l'humidité qu'ils ont laissée, périssent promptement, mais enrichissent la terre de leurs débris. Il s'opère ainsi une transformation lente et continue qui améliore les plus mauvais sols et les prépare pour l'avenir. L'homme contribue à rendre cette évolution plus rapide, et la culture pastorale, si précaire qu'elle soit, exerce une influence salutaire sur les terrains qu'elle occupe.

On compte dans l'histoire de la colonie des époques néfastes où les ruisseaux les plus abondants dans les années ordinaires furent tout à fait mis à sec. Telle fut la période de 1837 à 1839, qui vit périr une grande partie des troupeaux de la Nouvelle-Galles du sud. La province de Victoria fut frappée du même fléau au commencement de l'année 1851. Sauf le voisinage immédiat des grosses rivières, il n'y a guère de district qui ne soit atteint, une année ou l'autre, par une sécheresse désastreuse ; mais par bonheur cette calamité n'a jamais un caractère général. Quand une colonie souffre et que ses moissons sont compromises, les autres provinces sont prospères et peuvent combler le déficit de la récolte. Lorsque les pâturages sont brûlés par la chaleur sur un point, les bergers n'ont qu'à conduire leurs troupeaux dans les cantons voisins qui ont été épargnés. En réalité, les portions les plus stériles de l'intérieur sont plus rapprochées du littoral qu'on ne le croyait jadis, et les colons occupent déjà la plus grande part des déserts qui étaient réputés inhabitables. Ainsi la contrée qui s'étend au nord d'Adélaïde, et que les explorateurs s'accordaient à représenter comme recouverte d'efflorescences salines ou de maigres arbrisseaux desséchés, est déjà envahie par les *squatters*, qui retrouveront bientôt au-delà de ce canton désole une végétation moins pauvre et des terrains moins arides. On peut juger dès à présent qu'il n'existe pas à l'intérieur de l'Australie des obstacles naturels assez puissants pour arrêter l'expansion des établissements européens. L'occupation complète du territoire n'est qu'une affaire de temps, et ne se fera pas longtemps attendre, si la colonisation progresse avec la même vigueur que depuis trente ans.

Les paysages de l'Australie centrale présentent partout une singulière uniformité. Rien n'est monotone comme les descriptions que les explorateurs en ont faites. Sur un sol jaunâtre et de triste aspect croissent çà et là quelques arbres rabougris, des gommiers, des acacias, qui n'atteignent jamais un grand développement. Des buissons épineux, des arbustes grêles couverts de baies ou de petits fruits amers, occupent les terrains médiocres. Là où la terre est meilleure, on rencontre des herbages de nature diverse, depuis l'herbe de porc-épic, qui peut à peine nourrir les bestiaux, jusqu'à l'herbe de kangourou, l'espèce la plus recherchée, la véritable richesse de ces contrées.

La faune australienne n'offre pas plus de variété. Le kangourou, le plus grand des mammifères indigènes, est aussi le plus abondant. Animal timide et inoffensif, il vit en troupes nombreuses au milieu des buissons. Le chien sauvage, vulgairement appelé *dingo*, est plus redoutable. Assez semblable au chien de berger ou à un renard de grande taille, il n'aboie jamais et pousse seulement de mélancoliques hurlements. C'est le fléau des troupeaux, autour desquels il rôde pendant la nuit, profitant du moment où l'homme est éloigné pour égorger ou blesser toutes les bêtes qu'il peut saisir. Cet animal étant le seul quadrupède indigène qui n'appartienne pas à Tordre des marsupiaux, on supposait qu'il avait été introduit en Australie à une époque relativement récente. Cette hypothèse a été détruite par la découverte récente de chiens fossiles dans certains terrains d'alluvion. Les espèces d'oiseaux sont un peu plus nombreuses. Le plus grand d'entre eux, l'outarde, montée sur de grandes jambes et presque dépourvue d'ailes, ressemble assez à l'autruche et est conformée, de même que celle-ci, de manière à parcourir avec rapidité les grandes plaines où elle cherche sa nourriture. La chasse de l'outarde et celle du kangourou sont les exercices favoris des riches *squatters*. Pour les chasseurs plus modestes, il y a les pigeons, les perroquets, les pélicans, que l'on rencontre partout où il y a de l'eau ; mais en somme tous ces animaux sont rares, surtout dans les districts stériles, et le voyageur ne peut, en aucun cas, compter pour vivre sur les produits de la chasse. La pénurie de produits naturels au sol a été une des principales difficultés de tous les voyages d'exploration. Aussi les voyageurs sont-ils contraints d'emporter au départ tout ce qui est nécessaire pour assurer leur, alimentation jusqu'au moment du retour.

Au milieu de cette nature triste et pauvre, qui ne s'attendrait à trouver l'homme dans un état de dégradation et d'infériorité par rapport aux peuples qui habitent des pays plus riches ? Dépourvu d'animaux domestiques pour le transport des fardeaux et le travail des champs, réduit à une nourriture végétale souvent précaire, l'indigène australien est encore détourné de la civilisation par l'isolement dans lequel il est confiné. Chaque petite tribu considère comme ennemies les tribus voisines qui s'approchent de son territoire. Aussi les dialectes varient-ils d'un lieu- à l'autre. Ces hommes n'ont rien de commun entre eux. Pour comprendre l'état d'abaissement où ils sont restés jusqu'à ce jour, il faut considérer qu'aucune des causes qui ont limité les progrès de la civilisation en d'autres points du globe n'a manqué ici. Comme les peuples pasteurs de l'Afrique, ils mènent une vie errante et isolée ; comme les peuplades de l'extrême nord, ils ont à lutter contre la pauvreté du sol ; comme les races de l'Asie méridionale, ils sont accablés par une chaleur excessive. Ni l'agriculture, ni l'industrie, ni le commerce ne pouvaient prendre naissance parmi eux. Cette race est en quelque sorte condamnée d'avance à disparaître. Et cependant les colonies européennes ont atteint une prospérité merveilleuse dans un pays où les indigènes végétaient depuis des siècles dans le plus sauvage abaissement. La race blanche, forte des lumières et de la puissance qu'elle avait acquises sous les latitudes fertiles et tempérées de l'ancien monde, s'est transportée dans une contrée nouvelle où la race noire dépérissait, et elle y a fondé en peu d'années un magnifique empire. Elle a réussi dans les conditions mêmes où les aborigènes ne pouvaient sortir de la barbarie. On se placerait donc à un point de vue trop étroit en considérant seulement les conditions physiques et météorologiques que les Européens ont su féconder dans l'Océanie. « Les pays ne sont pas cultivés, a dit Montesquieu, en raison de leur fertilité, mais en raison de leur liberté, et si l'on divisé la terre par la pensée, on sera étonné de voir la plupart du temps des déserts dans ses parties les plus fertiles, et de grands peuples dans celles où le terrain semble refuser tout. »

Chapitre III

L'industrie pastorale, les squatters et les aborigènes

I

Le modeste établissement pénitentiaire que le capitaine Phillip avait fondé en 1788 sur les bords du Port-Jackson fut en quelque sorte abandonné à lui-même jusqu'aux derniers jours des guerres de l'empire. Il fallait à cette époque six mois au moins pour faire le voyage d'Angleterre à Sydney. En outre la source impure qui alimentait la population de cette ville naissante en détournait les émigrants paisibles et honnêtes qui eussent régénéré la colonie nouvelle. Cependant, des terres d'une fertilité admirable ayant été découvertes aux environs de Sydney, on réussit à y attirer quelques familles séduites par la gratuité du passage que le gouvernement octroya généreusement aux premiers émigrants, puis des officiers et des soldats congédiés auxquels on accordait des lots de terrain. Ces colons, qui obtenaient l'autorisation d'employer les *convicts* pour tous les labeurs pénibles, se bornaient à élever un peu de bétail pour l'alimentation des Européens et ne cultivaient que les produits du sol auxquels la proximité d'une ville assurait un débouché facile. Au nombre de ceux qui profitèrent des premières concessions se trouvait M. Mac-Arthur, capitaine au 102e régiment. Ayant acheté quelques moutons du Bengale ou du Cap de Bonne-Espérance qui avaient été apportés pour le ravitaillement de la colonie, il s'aperçut bientôt que la toison rude et grossière de ces animaux devenait en peu de temps fine et douce sous l'influence du climat tempéré de l'Australie. Il entrevit dès lors l'importance que l'élève des troupeaux pourrait acquérir sur ce continent au point de vue de la production de la laine. Sur ses pressantes sollicitations, le gouverneur fit acheter au Cap un petit troupeau de mérinos, de race espagnole pure, que le gouvernement hollandais y avait expédié. Ce fut le point de départ de l'industrie pastorale. À cette époque, il ne faut pas l'oublier, l'Angleterre tirait de l'Espagne toute la laine fine nécessaire à ses manufactures, et cette matière première devint rare et d'un prix excessif pendant les guerres de la révolution. Il y avait donc un intérêt de premier ordre pour les Anglais à en favoriser la production dans leurs colonies. Aussi, lorsque M. Mac-Arthur vint en Europe en 1803, il trouva un grand nombre de ses compatriotes disposés à l'aider dans l'entreprise qu'il avait conçue, et il reçut les encouragements des principaux manufacturiers. Ayant recruté dans son pays natal les ouvriers qui lui étaient indispensables, il repartit bientôt avec un troupeau de bêtes choisies. Par un heureux présage, le navire qui l'emportait s'appelait *Argo* et avait une toison d'or à la proue. Soixante années se sont écoulées depuis ce début modeste, et aujourd'hui les colonies australiennes produisent presque autant de laine que la France et les îles Britanniques.

Malgré les efforts de certains hommes qui comprenaient, comme M. Mac-Arthur, le bel avenir réservé aux établissements de l'Australie, la colonie se développait avec lenteur. La faute en fut surtout, paraît-il, aux gouverneurs qui se succédèrent dans l'administration de ce pays. Jusqu'en 1822, Sydney ne fut, aux yeux de l'autorité, qu'un dépôt pénitentiaire. Les *convicts* libérés, que l'on tenait à faire rester aux antipodes afin d'éviter qu'ils ne revinssent dans la mère-patrie, semblaient avoir plus de droit aux encouragements de l'état que les émigrants libres. L'arrivée de sir Thomas Brisbane, nommé gouverneur en 1822, fit entrer l'administration locale dans de nouvelles voies. On fit connaître en Angleterre que de vastes surfaces étaient libres pour la colonisation dans une contrée riche, fertile, où les troupeaux se multipliaient et s'amélioraient d'une façon prodigieuse. La terre était offerte gratuitement à tous les cultivateurs qui voudraient émigrer, sous la seule réserve qu'ils posséderaient une somme de 12,500 francs pour mettre le sol en culture et subvenir à leurs frais de premier établissement. Cette somme était assez faible pour que de nombreux émigrants pussent profiter de l'offre qui leur était faite, et elle était assez considérable cependant pour écarter les aventuriers qui n'auraient présenté aucune garantie de moralité. Des officiers retirés du service, des cadets de familles honorables arrivèrent en foule. La terre leur était concédée gratuitement, mais non en toute propriété. Ils n'en avaient que la jouissance temporaire ; le gouvernement leur accordait seulement l'usufruit, se réservant de reprendre le fonds, si l'intérêt général l'exigeait.

Peu d'années après, en 1826, on vit se former une compagnie d'agriculture qui obtint une concession de 400,000 hectares à Port-Stephen, à 150 kilomètres au nord de Sydney, dans une contrée arrosée par de nombreux cours d'eau. Cette compagnie apportait d'Europe des ustensiles de toute sorte, des graines variées, des arbres à fruit, des oliviers et des ceps, de beaux étalons et des juments de pur-sang, ainsi que 2,000 mérinos. En même temps elle introduisit un grand nombre de colons probes et laborieux. Le premier effet d'une telle entreprise fut d'augmenter dans une forte proportion le prix du bétail existant, et les colons plus anciens en profitèrent. Il y eut ensuite, — c'était une conséquence inévitable,— une réaction brusque, qui mit en péril les fortunes naissantes ; mais l'élan était donné. Les habitants de Sydney, négociants et médecins, officiers et hommes de loi, les prêtres même, ne songèrent plus qu'à obtenir des concessions de terres, un *run* pour l'élève des troupeaux. Le gouvernement accueillit ces demandes avec d'autant plus de faveur que les explorations s'étaient étendues depuis longtemps au-delà des Montagnes-Bleues. D'immenses étendues de terrain propre au pâturage étaient alors disponibles ; aussi la garantie pécuniaire d'un capital de 12,500 francs ne fut même plus exigée : les colons s'étendirent sur les plateaux récemment découverts à l'ouest de Sydney avec une rapidité merveilleuse. En 1828, la Nouvelle-Galles du Sud possédait déjà 540,000 moutons et 260,000 têtes de gros bétail ; la population était de 36,000 habitants. Déjà aussi la laine de cette provenance était avantageusement connue sur les marchés d'Europe. Bref la prospérité de la colonie était fondée. Les concessions se donnaient d'habitude à cette époque par lots de mille hectares. Quelquefois on accordait une surface plus étendue pour récompenser de grands services rendus ; c'est ce qu'on fit en faveur de M. Mac-Arthur. Quant aux émigrants qui n'avaient que de faibles ressources pécuniaires, leurs lots étaient réduits à 256 hectares. Enfin les soldats libérés du service militaire ne recevaient que 16 hectares. Tous ces colons, considérés comme francs-tenanciers de la couronne, étaient confondus sous le nom de *settlers*. Lorsque plus tard ils furent en butte à la jalousie des autres colons, négociants et industriels des villes, on leur donna par mépris le titre de *squatters*, par lequel sont désignés, dans l'Amérique du Nord, les pionniers qui défrichent les terres inoccupées ; mais, bien différents de leurs homonymes des États-Unis américains, qui sont en général des hommes sans ressources, les *squatters* de l'Australie formaient déjà la classe la plus riche, la plus intelligente et la plus honorable de la colonie. Il n'était pas rare de rencontrer parmi eux des gradués des universités d'Oxford et de Cambridge qui s'étaient expatriés, ne trouvant pas dans la métropole l'occasion de mettre à profit leur instruction et leur activité. Ces traditions se sont conservées jusqu'à présent, et l'industrie pastorale est encore la profession qui attire le plus les immigrants des classes élevées.

Ainsi le mot *squatter*, introduit peu à peu dans le langage colonial et même dans les actes publics du gouvernement, désigne le propriétaire de troupeaux qui ne fait que parquer ses bestiaux sur les terres dont il a obtenu la concession. La surface de terrain dont il exploite sans culture les herbages, produit naturel du sol, est son *run*. Au centre, il se construit une maison où il réside : c'est là sa *station* principale, son *home* ; puis, si l'étendue de la colonie l'exige, il crée des stations annexes en divers points éloignés, des succursales en quelque sorte, entre lesquelles les troupeaux sont divisés et où résident les bergers. Lorsqu'il n'y a pas de tribu hostile dans le voisinage, il suffit de bien peu d'hommes pour garder et soigner des troupeaux de plusieurs milliers de têtes. Les aborigènes ne sont pas toutefois les seuls voisins que l'on ait à redouter. Il arrivait fréquemment, surtout à l'origine, que des *convicts* échappés s'associaient pour commettre des déprédations sur les stations isolées. Ils emmenaient le bétail volé, soit pour fonder eux-mêmes un établissement dans un autre district, soit pour le vendre à vil prix avant que le propriétaire se fût aperçu du rapt. Ces vols étaient d'autant plus aisés à commettre que la propriété des bestiaux ne peut se prouver que par une marque distinctive appliquée sur le dos de chaque animal, et qu'il est assez facile de dénaturer. On conçoit sans peine que les recherches de la justice étaient inefficaces sur un territoire si faiblement peuplé, et que la surveillance la plus active ne pouvait prévenir des délits de ce genre. Les plaines sur lesquelles les troupeaux sont dispersés ont une étendue telle que le maître ne peut les visiter souvent, et d'ailleurs, dans un troupeau nombreux, quelques centaines de têtes peuvent être enlevées sans qu'il y paraisse. Ces bandes de batteurs de buissons (*bushrangers*) sont moins nombreuses aujourd'hui, parce que la police est mieux faite, et le peu qu'il en reste se tient de préférence dans le voisinage des mines d'or, où le butin est plus considérable.

Des difficultés d'un autre ordre s'élevaient souvent entre les concessionnaires voisins à l'occasion des limites de leurs stations respectives. Les titres en vertu desquels les terres étaient occupées étaient si incertains, la désignation des surfaces concédées était si vague, qu'il arrivait souvent que le même terrain fût réclamé par plusieurs individus s'appuyant tous sur des actes réguliers. L'acte de concession, ce qu'on appelle la *licence*, n'était, à vrai dire, autre chose que l'autorisation de faire paître les troupeaux sur une certaine étendue de terrain choisie dans les districts encore inoccupés. Les limites n'en étaient pas tracées sur le sol ; le plus souvent il n'était pas fait d'arpentage préalable en vue de déterminer l'étendue réelle de la station. Tous ces inconvénients étaient une conséquence inévitable de l'extrême liberté d'allures dont jouissaient les colons, inconvénients assez faibles sans doute, puisqu'ils n'arrêtèrent jamais un seul instant les progrès de la colonie.

À cette époque, où les établissements de l'Australie méridionale n'existaient pas encore et où les plaines de la Murray venaient à peine d'être découvertes, le pays ne produisait pas assez de céréales pour la nourriture de ses habitants. C'était un grand malheur ; mais, outre qu'il eût été très difficile de persuader aux colons qu'il fallait abandonner l'élève des troupeaux pour la culture du sol, le résultat même de ce changement paraissait douteux. On croyait en général que l'Australie ne serait jamais bonne qu'à produire de la laine. La sécheresse habituelle du sol et l'incertitude du climat semblaient s'opposer d'une façon absolue au succès des cultures artificielles. Puisque la contrée produisait spontanément d'excellents herbages, puisque les bestiaux s'y amélioraient et s'y multipliaient presque sans soins, qu'était-il besoin de chercher une autre industrie qui eût exigé plus de bras et plus de capitaux ? La main-d'œuvre était chère, et les ports de l'Amérique fournissaient à bon marché les grains nécessaires à l'alimentation. D'un autre côté, à mesure que les districts connus étaient occupés, on en découvrait d'autres plus éloignés. La terre ne manquait à personne, et les nouveau-venus en trouvaient encore de disponible. Il était donc inutile de mettre des obstacles à l'expansion du *squattage*. Tels furent les motifs qui déterminèrent le gouvernement colonial à laisser aux propriétaires de troupeaux, sans aucune réserve, la libre pâture des terrains vacants, qui étaient considérés comme appartenant de droit à la couronne. Néanmoins, afin d'affirmer le droit de propriété de l'état et de procurer des ressources au budget local, il fut résolu en 1831 que l'usufruit des pâturages ne serait plus concédé qu'à titre onéreux. Au reste la terre avait déjà acquis une valeur réelle, et il eût été d'une mauvaise administration de la donner à titre gratuit. La durée des concessions fut limitée à une année, sauf renouvellement, et la redevance annuelle fut fixée à 250 francs par station. C'était un tarif très modéré, surtout pour ceux qui occupaient de grandes surfaces. Il y eut encore quelques restrictions : l'étendue des stations devait être calculée à raison de 4 hectares par tête de mouton, le même individu ne pouvait posséder plusieurs stations à la fois ; mais ces mesures plus vexatoires qu'utiles, ne furent jamais appliquées, ou tombèrent bientôt en désuétude. Enfin il fut établi en principe que les terres dont les émigrants voudraient avoir l'entière propriété seraient vendues aux enchères sur la mise à prix de 5 shillings l'acre, environ 15 francs l'hectare. Toutes ces dispositions, qui avaient reçu la sanction du parlement anglais, donnèrent pour la première fois une existence légale aux *squatters*.

Sous l'influence de ce nouveau régime, l'industrie pastorale prit un développement prodigieux, et la colonie parut marcher dans une voie de prospérité croissante. C'est alors (de 1830 à 1840) que furent découvertes les plaines fertiles de l'Australie méridionale, sur les bords du golfe Spencer et du port Phillip. Les villes d'Adélaïde et de Melbourne furent fondées, et des terres d'une étendue considérable furent vendues d'abord au prix de 5 shillings, puis au prix de 1 livre sterling l'acre, c'est-à-dire 62 francs 50 c. l'hectare. Il résultait de ces créations nouvelles de plus grandes facilités pour l'occupation pastorale des districts intermédiaires sur les bords du Darling, de la Murray et de leurs affluents. L'esprit de spéculation intervenant, le trafic des terres et des stations fut porté à un degré excessif, qui devait amener des embarras financiers. La crise fut déterminée par une sécheresse exceptionnelle qui fit périr une grande partie des troupeaux pendant les étés de 1837 à 1839 ; l'élément principal du commerce d'exportation, la laine, décrut en qualité et en quantité ; puis, lorsqu'on se remettait de ce désastre, survint une baisse dans le prix de la laine. En même temps les troupeaux s'étaient multipliés bien au-delà de ce qu'il fallait pour l'alimentation des villes du littoral. Les propriétaires voyaient donc les débouchés se restreindre devant eux, et par conséquent le prix des animaux décroître dans une proportion considérable. Une nouvelle industrie vint améliorer un peu leur situation. Un colon eut l'idée de faire bouillir la viande pour en extraire le suif, qui a pris, depuis cette époque, une place importante dans les productions de la colonie. Ce fut un palliatif insuffisant, et la plupart des *squatters*, accablés par les dettes qu'ils contractaient pour subvenir à l'entretien de leurs établissements, en vinrent à contester la légalité de la redevance que la couronne exigeait d'eux.

En 1843, un gouvernement représentatif avait été accordé à l'Australie. Le parlement, composé de trente-six membres, dont vingt-quatre nommés par les colons et douze par la couronne, se réunit à Sydney, qui était encore la capitale de toutes les colonies australes, Cette assemblée, où les *squatters* dominaient, étant investie du droit de fixer les recettes et les dépenses, fit observer qu'une partie du revenu colonial, l'impôt requis pour la jouissance des pâturages, était indûment soustraite à son vote. — N'est-ce pas une anomalie, disaient-ils, qu'il y ait un double mode d'établir le budget des recettes, l'un avec le concours des représentants du pays, et l'autre par la seule volonté du gouverneur ? — La question avait une importance capitale, car la vente des terres avait produit 8 millions de francs, la moitié du budget local, pendant l'année 1840, qui fut, il est vrai, exceptionnelle sous ce rapport. Les *squatters* avaient bien d'autres motifs de plainte. Ils prétendaient que leur situation était précaire, qu'il n'y avait pour eux aucune sécurité à améliorer les terres dont ils étaient détenteurs, à y élever des constructions, même à entreprendre des travaux agricoles, qu'ils ne pouvaient emprunter aisément, en donnant leurs stations pour gage, puisque ce n'était qu'une propriété transitoire entre leurs mains. Avec dix mille moutons sur un *run,* il était impossible d'obtenir à crédit une caisse de sucre ou de thé. Le prix des bêtes à laine s'étant avili, ils ne pouvaient même plus se procurer par la vente les fonds nécessaires à l'entretien de leurs établissements, au paiement des gages et de la nourriture de leurs serviteurs. D'autre part, la couronne ne voulait pas renoncer au droit, qui lui avait toujours appartenu dans toutes les colonies, de délivrer les concessions de terres, d'en déterminer l'étendue, et de fixer la redevance annuelle due par les fermiers. Cette redevance n'était pas un impôt ; elle ne devait pas être considérée comme une subvention accordée par les colons pour solder les dépenses communes de police et d'administration, mais bien comme la rente des terres vacantes, dont la propriété appartenait à l'état. Le gouverneur, sir George Gipps, faisait d'ailleurs remarquer qu'il y avait des inégalités choquantes dans la façon dont cette taxe était établie, attendu que chaque *squatter* ne payait que 250 francs par an, quelle que fût la surface qu'il occupât. Certains d'entre eux ne payaient pas plus pour 100,000 hectares que d'autres pour 1,000. Il proposait donc que la rente de 250 francs fût due par chaque station capable de nourrir 4,000 moutons ou 500 têtes de gros bétail, et, afin d'empêcher l'accaparement des terrains par les gros tenanciers, qu'il y eût une limite d'étendue, ou bien que les stations ne fussent pas distantes de plus de 11 kilomètres l'une de l'autre. Ces conditions étaient assurément équitables : la rente annuelle était peut-être une lourde charge pour les colons à un moment où l'industrie pastorale était dans la détresse, où l'argent manquait absolument ; mais le droit de la couronne à disposer elle-même des terrains libres et à en fixer le loyer n'était guère contestable. Il était évident que, si les propriétaires de troupeaux avaient été laissés maîtres des terrains, ils auraient abaissé la redevance à un taux dérisoire, et compromis l'avenir de la colonie en tarissant la principale source de ses revenus.

Les *squatters* étaient déjà les seigneurs du pays. Ils entouraient le gouverneur, remplissaient tous les conseils, et formaient à peu près seuls le parlement colonial. Les producteurs de laine étaient tout dans une contrée où l'agriculture proprement dite existait à peine et où le commerce manquait de stabilité. Aussi furent-ils écoutés. Le conflit fut terminé par un acte royal (*orders in council*) de 1846, qui les satisfit pour un moment. Au lieu d'une concession éphémère à renouveler d'année en année, les tenanciers obtinrent des baux de quatorze ans. On leur accordait aussi un droit de préemption, à raison d'une livre sterling l'acre, sur les terres de leurs stations que le gouvernement jugerait utile de mettre en vente publique, afin de favoriser les exploitations purement agricoles. On maintenait en outre le paiement annuel d'une redevance proportionnée à l'étendue et à l'importance de chaque station ; mais cette condition, qui avait paru exorbitante quelques années plus tôt, fut acceptée sans murmure, parce que le prix de la laine s'était relevé et que les propriétaires tiraient bon parti de leurs troupeaux. Telle fut la substance des *orders in council*, qui, livrant en réalité tous les terrains aux *squatters*, devaient engendrer plus tard de graves difficultés.

La découverte des terrains aurifères de Victoria et de la Nouvelle-Galles du Sud, qui date de 1851, produisit une nouvelle crise, de nature différente. D'abord les propriétaires se virent abandonnés par la plupart de leurs bergers, qui les quittaient pour se livrer à la recherche de l'or : il fallut vendre, souvent à vil prix, une partie des troupeaux, qui, faute de gardiens, seraient devenus la proie des aborigènes et des chiens sauvages ; mais, quelques mois plus tard, la fièvre de dissipation que produisit l'abondance du précieux métal enchérit d'une façon prodigieuse tous les objets de consommation. Les produits du sol acquirent une valeur deux et trois fois plus considérable, et les *squatters* prirent indirectement leur part des nouvelles richesses qui venaient de se révéler dans la colonie. Alors aussi la « question des terres de la couronne, » qui avait été amortie par le régime de l'acte de 1846, vint se représenter avec des difficultés plus grandes. La question agraire allait être traitée (le fait mérite d'être remarqué) presque au même point de vue que dans l'ancienne Rome. En Australie comme à Rome, il s'agit de terres conquises sur la barbarie, accaparées à vil prix par une caste puissante et réclamées par le peuple, qui veut un partage équitable. Il s'agit de diviser de grandes propriétés presque stériles en de petites cultures très productives. En y regardant même de près, on retrouverait peut-être une certaine similitude entre les lois Licinia et Sempronïa et les actes royaux qui, vingt-deux siècles plus tard, tranchèrent les mêmes difficultés. Néanmoins gardons-nous bien d'établir une analogie plus complète entre des époques si différentes. Les domaines des *squatters* n'étaient pas usurpés comme les terres des patriciens, mais constitués par des dispositions légales ; l'agitation des colons déshérités, si grave qu'elle fût, ne produisit pas de révolution dans l'état, et la solution définitive, inspirée par des idées économiques plus saines, fut plus rationnelle, et sera par conséquent plus durable.

L'acte de 1846, en livrant les terres de la couronne aux propriétaires de troupeaux pour une durée de quatorze ans, avait eu le tort grave de constituer en leur faveur un long privilège. On avait dit, il est vrai, que le territoire de l'Australie n'était bon que pour la pâture, et il est étrange que cette assertion ait pu acquérir quelque crédit. D'abord il est juste de reconnaître que si les grandes plaines sèches et pierreuses ne conviennent qu'à l'élève des bestiaux, il y a en outre une étendue considérable de terrains bien arrosés où les cultures européennes réussissent toutes. D'ailleurs, à mesure que les *squatters* pénétraient plus avant dans l'intérieur, ne fallait-il pas créer derrière eux des villages, de petites villes, des centres de commerce, de ravitaillement et d'industrie ? Autour de ces centres n'était-il pas nécessaire d'avoir des jardins, de petites fermes, pour alimenter les habitants des denrées d'une consommation journalière ? L'état conservait sans doute le droit d'exproprier en partie les concessionnaires de *runs* pour les travaux d'utilité publique ; il pouvait tracer chez eux des routes, prendre les arbres indigènes, des pierres et autres matériaux fournis par le sol pour la construction ou la réparation des ouvrages publics. La propriété des mines de charbon et de métaux précieux était aussi réservée. L'état pouvait encore, à la rigueur et dans une certaine limite, déposséder les colons de l'espace strictement nécessaire à l'établissement des villages ; mais son droit n'allait pas plus loin. Si le petit commerçant, possesseur d'une vache et de quelques moutons, voulait les faire paître autour de son habitation, le concessionnaire l'accusait aussitôt d'empiéter sur son domaine. L'état voulait-il mettre en vente publique un lot de terrains propre à la culture, le propriétaire du *run* où ces terrains étaient situés s'armait de son droit de préemption. On reconnut, mais trop tard, qu'il n'existait pas, à proximité du littoral, un coin de cet immense continent qui fût disponible. On s'étonnera peut-être que les *squatters* fissent obstacle à la création de villages qui devaient, à un certain point de vue, être une ressource pour eux-mêmes et pour leurs serviteurs. Ils auraient accepté assez volontiers le voisinage d'une population sédentaire ; mais ils n'en voulaient ni chez eux ni à une proximité trop grande, parce qu'ils redoutaient les vols de chevaux et de bétail que ces voisins incommodes auraient pu commettre.

Sans la découverte de l'or, il se serait peut-être écoulé beaucoup de temps avant que les inconvénients de ce régime se fissent sentir ; mais les mines attirèrent subitement un plus grand nombre d'émigrants. Ceux-ci, après avoir acquis en quelques mois sur les champs, aurifères une fortune considérable, aspiraient à devenir propriétaires d'une maison et d'un champ ; enfin ils voulaient, après le dur labeur des mines, jouir en paix de leurs richesses dans un domaine qui leur appartînt. Les marchands et les marins, enrichis par le commerce et l'industrie, demandaient aussi à acheter des terres. Il y eut à une certaine époque une population flottante de six à sept mille habitants, campée à Melbourne ou dans les environs, et n'attendant que l'occasion de s'établir dans le pays. Tous ces hommes réclamaient des terres à cultiver. Ils voyaient aux alentours des villes des plaines belles et fertiles dont le sol vierge n'attendait que la main du laboureur pour produire de riches moissons. L'enchérissement général des denrées de consommation journalière promettait de gros profits aux agriculteurs. C'est à ce moment qu'un chou se payait 3 francs à Melbourne et le double au moins dans les districts aurifères. Par malheur, il n'y avait pas de terres vacantes auprès des centres de population. Tout était occupé par des hommes qui en tiraient bien peu de profit, puisqu'ils se contentaient de faire brouter par leurs moutons les herbes qui poussent naturellement sur le sol. Si par hasard quelques lots de terrains d'une médiocre étendue étaient mis en vente, une spéculation effrénée en faisait monter le prix à un taux excessif. Qu'arriva-t-il ? Parmi les nouveaux enrichis, les uns quittèrent l'Australie, emportant leurs épargnes, qui eussent profité au pays, et se dirigèrent vers l'Amérique pour y acheter les terres qu'ils convoitaient. D'autres, en trop grand nombre, consommèrent leur fortune dans la débauche et se livrèrent à tous les désordres que l'on peut imaginer.

Pour comprendre comment il ne s'établissait pas une sorte de compensation entre les offres de ceux qui voulaient des terres et les exigences de ceux qui en étaient détenteurs, il faut se rappeler que les concessionnaires n'avaient qu'un droit de jouissance à la pâture, et que si les terrains qu'ils occupaient avaient été vendus, ils n'eussent pas profité du prix de vente, qui entrait directement dans les caisses du trésor colonial. Les *squatters* n'avaient aucun intérêt à s'opposer au développement de l'agriculture ; mais aucun d'eux en particulier ne voulait y sacrifier sa fortune présente. Il semble au premier" abord qu'il eût été facile de dédommager les concessionnaires expropriés au moyen des ressources immenses que l'aliénation des terres devait produire. Le gouvernement local, ne se croyant, pas sans doute le pouvoir de le faire, demanda des instructions en Angleterre, où l'on n'était guère à même d'apprécier la gravité de la situation. Cet état de choses se prolongea donc longtemps au détriment de la colonie et faillit même dégénérer en lutte ouverte. De nombreux *meetings*, où se rendaient les hommes les plus turbulents, discutaient la légalité des *orders in council*, et voulaient exercer une pression sur les parlements locaux, qui élaboraient à chaque session l'interminable question des terres. Le 28 août 1860, la populace envahit le palais du corps législatif de Melbourne, qui était alors en séance. Ces excès amenèrent une réaction salutaire. La ville étant dégarnie de troupes, les citoyens paisibles, constitués en milice, firent reculer la foule ameutée et rétablirent l'ordre.

Ce ne fut néanmoins qu'en 1861 et 1862 que les parlements des diverses provinces, abrogeant les dispositions antérieures, adoptèrent un système de concession plus conforme aux intérêts généraux. Voici en résumé les principes qu'ils ont proclamés et qui sont aujourd'hui en vigueur. Le *squatter* qui s'établit dans un district nouveau ou tout à fait inexploré obtient une concession de quatorze ans, et son *run* ne peut avoir moins de 64 ni plus de 256 kilomètres carrés ; il paie une redevance d'à peu près 5 francs par kilomètre carré pendant les quatre premières années, redevance qui s'accroît légèrement pendant les années suivantes. Celui qui est établi depuis longtemps n'a qu'une concession de cinq ans et paie une rente fixée par évaluation de manière qu'elle soit proportionnelle aux produits de la station. Il s'ensuit que les mauvaises terres ne sont plus affermées au même prix que les bonnes. En cas de dissentiment sur la quotité, de la rente à payer, le *run* est adjugé au plus offrant enchérisseur, qui rembourse au préoccupant la valeur des travaux exécutés par lui. Le *squatter* conserve le droit d'acheter, à raison de 62 francs 50 cent, l'hectare, la nue-propriété du territoire qu'il occupe, sauf les parties réservées pour l'établissement des villages. Le gouvernement se réserve aussi le droit de vendre toutes les terres propres à la culture, même celles où la pâture est déjà concédée, sans que l'occupant ait, comme autrefois, un droit de préemption. Aussitôt que ces terres sont cadastrées, tout colon peut y choisir un lot à sa convenance, de 16 à 130 hectares d'étendue, et l'acquérir au prix fixé. Il peut affermer en outre, moyennant une rente annuelle très faible, une surface trois fois plus considérable ; mais ces avantages ne sont accordés qu'au colon qui se fixe sur le terrain et qui le cultive lui-même. Les acquisitions faites par le même individu ne doivent pas non plus dépasser chaque année une étendue déterminée. Ces dernières mesures ont pour but d'empêcher, que de riches propriétaires n'accaparent toutes les terres vacantes dans le voisinage des villes. En réalité, les *squatters*, qui recueillent chaque année de gros bénéfices, peuvent, malgré ces restrictions, acheter successivement les terrains sur lesquels ils ont le droit de pâture, se prémunir ainsi contre une éventualité de dépossession et enlever aux cultivateurs le bénéfice que les nouvelles lois agraires prétendaient leur assurer ; mais, s'ils réussissent à s'approprier de grands espaces dans les districts très peuplés, il est hors de doute que, devant l'élévation croissante du loyer de la terre, ils finiront par subdiviser eux-mêmes leurs *runs*, afin d'en livrer la meilleure portion à l'agriculture. Enfin les immigrants nouvellement débarqués reçoivent 12 hectares à titre gratuit ; les soldats et les marins qui ont quitté le service militaire, 20 hectares. Les officiers de l'armée de terre et de mer ont une remise d'un tiers sur le prix d'achat.

Les parlements des quatre principales provinces, Nouvelle-Galles du Sud, Terre-de-la-Reine, Victoria et Australie méridionale, ont successivement voté, à quelques modifications près, les mesures qui viennent d'être exposées. L'Australie occidentale conserve seule les anciens errements ; cette province est aussi la seule qui ne jouisse pas encore d'un gouvernement représentatif. L'immense étendue de territoires déserts qu'elle possède et le peu d'activité de l'immigration y éloignent sans doute pour longtemps encore la crise que la question des terres domaniales a soulevée dans les autres parties du continent.

Le but que les gouvernements coloniaux se sont proposé d'atteindre en édictant ces lois est d'assujettir les *squatters* à des contributions mieux proportionnées avec les produits qu'ils obtiennent de leurs troupeaux, de leur enlever un privilège trop exclusif sur les terrains dont ils étaient détenteurs et tout à la fois de leur assurer la sécurité d'une jouissance assez prolongée pour que leur industrie ne soit pas compromise, enfin de livrer à l'agriculture tout l'espace dont elle a besoin. Les dispositions nouvelles produiront-elles le résultat désiré ? Il paraît certain que ceux dont les *runs* ont été compris, en totalité ou en partie, dans les réserves agricoles les plus voisines des villes sont grièvement atteints. Il y a toujours dans l'application d'une réforme des injustices individuelles ; mais l'industrie pastorale, prise en masse, n'en souffrira pas. Elle sera seulement refoulée peu à peu vers les territoires inoccupés, et ceux-ci sont assez larges pour qu'on n'ait pas à songer de longtemps à restreindre le nombre ou l'étendue des stations de moutons. Quant aux cultivateurs, le gouvernement peut leur offrir maintenant plus de terres qu'il ne leur en faut. Les réserves agricoles sont suffisantes pour que l'établissement d'une population sédentaire ne rencontre plus d'obstacle. Les émigrants nouvellement débarqués n'ont plus à attendre, ainsi qu'il arrivait jadis, le moment d'une vente, ni à craindre les hasards d'une adjudication au plus offrant enchérisseur. Ils se mettent sans aucun retard en possession du sol. C'est une grande amélioration dans l'état de la colonie. Quelque intéressante et productive que soit l'industrie pastorale, on doit convenir qu'elle laisse perdre une grande partie des forces vives du sol, et qu'elle ne crée pas assez de liens entre la terre et l'homme. On s'attache médiocrement au sol dont on n'a que la jouissance temporaire. À ce point de vue, il y a donc avantage à encourager l'agriculture dans un pays neuf, en dehors même des profits que la colonie trouvera à se fournir elle-même du blé et du vin qui lui manquent, et des bénéfices qui résulteront pour le commerce général du monde de l'extension des cultures de coton, de sucre et de café. On a cependant reproché à ces dernières lois agraires d'être trop onéreuses pour le cultivateur, en ce sens que le prix de vente est trop élevé dans les districts de formation récente. Ce prix, étant uniforme, est au contraire inférieur à la valeur réelle des terres dans les cantons où la population est déjà dense. Il se produit là des compétitions nuisibles aux intérêts des colons sérieux. La spéculation s'en mêle et parvient à accaparer de grandes surfaces qu'elle revend plus tard avec un bénéfice considérable.

Au nombre des mesures législatives qui ont facilité la colonisation du pays, il serait injuste d'oublier la loi relative au transfert des terres. En vertu de cette loi, votée en 1858 par le parlement de l'Australie méridionale, sur l'initiative de M. Torrens, dont elle porte le nom, et étendue depuis aux autres provinces, il a été établi un grand-livre de la propriété territoriale, sur lequel tous les domaines sont inscrits avec l'indication des emprunts et de tout ce qui peut affecter l'état de la propriété. Un duplicata en est délivré à chaque propriétaire pour ce qui le concerne. Grâce à ce système, le transfert des biens s'opère avec une facilité merveilleuse.

Après avoir examiné l'œuvre de la colonisation dans ses rapports avec l'état, il faut se transporter aux limites des districts occupés pour étudier les travaux et les mœurs des *squatters*. Lorsqu'il s'est avancé à une grande distance du littoral, le pionnier n'est plus guère gêné par les lois et par la compétition des autres colons. Monté sur une haute colline, il peut dire de tout l'espace qui l'environne, aussi loin que ses regards s'étendent : « Tout cela est à moi ; » mais il est seul, sans autres ressources que lui-même, au milieu du désert, et puis il a les indigènes devant lui. La scène change ; ce n'est plus une lutte légale entre des hommes habitués par leurs mœurs et leurs traditions à discuter librement leurs affaires : c'est la lutte de la civilisation contre la barbarie et de l'énergie humaine contre la nature.

II

Lorsqu'un colon veut créer une station nouvelle dans les terrains vagues du *bush*, il traverse tout le pays qui est déjà occupé, s'arrêtant chaque soir dans une station ou sous la hutte d'un berger où il reçoit, avec l'hospitalité la plus cordiale, des renseignements utiles sur la contrée dont il aspire à être l'un des pionniers. Parvenu aux limites du territoire déjà concédé, il explore les plaines et les vallées qui sont encore libres, il examine si les ruisseaux sont abondants, il s'informe auprès des colons voisins du nombre et des dispositions des indigènes qui occupent la contrée, et enfin il se choisit un canton à sa convenance, prenant pour limites soit une rivière, soit une chaîne de montagnes, soit un terrain stérile ou une forêt. Veut-il élever par exemple 20,000 moutons, il se mesure un *run* de 500 kilomètres carrés, plus ou moins, eu égard à la fertilité du sol et à l'abondance des eaux. Il retourne alors à la ville où résident les ingénieurs chargés du cadastre et de la concession des terres, et, après avoir fourni la preuve qu'il possède les troupeaux suffisants ou le capital nécessaire à l'achat du bétail, il obtient le droit d'occuper en qualité de fermier, et moyennant une redevance annuelle, les terres dont il a fait choix. Toutes les formalités sont accomplies. Le colon est en règle avec l'état, et le succès ne dépend plus que de ses efforts.

Le nouveau *squatter* engage alors le personnel qui est indispensable à l'industrie pastorale, bergers, manœuvres et contre-maîtres, plus ou moins nombreux, suivant les dispositions connues des indigènes et l'étendue de la concession. Il se procure aussi le bétail dont il a besoin pour commencer, d'abord les chevaux, qui sont en grand nombre, afin que le maître et les serviteurs aient à toute heure du jour des montures fraîches à leur disposition, puis les bêtes à cornes et les moutons. Dans les cantons qui ne sont pas trop éloignés des villes ou des mines d'or, on élève beaucoup de gros bétail, parce que la viande s'y vend à bon prix ; dans les districts éloignés, on préfère au contraire les moutons, car la laine est alors l'élément principal du trafic. Il s'agit maintenant de conduire ces troupeaux sur l'emplacement qui a été choisi, et c'est un voyage pénible, si la route est longue. Les bêtes à cornes surtout sont indisciplinées et veulent toujours retourner aux pâturages qu'elles viennent de quitter. Il arrive fréquemment qu'une fraction du troupeau s'échappe pendant les haltes de nuit ; il faut courir à sa poursuite et la ramener au campement ; puis on a des rivières à traverser, rivières sans pont et sans bateaux. Quand le colon est arrivé à l'endroit où il a résolu de s'établir, il se construit d'abord, pour lui et ses hommes, une hutte en terre et en bois dont le toit est recouvert de grandes herbes et d'écorces d'arbres, ce qui forme un abri frais en été et chaud en hiver. Plus tard, il aura une cabane en planches bien close et entourée d'une *verandah* qui mettra les murs à l'abri du soleil. Enfin, quand l'établissement sera devenu prospère ; si le pays est sain et agréable, si le propriétaire n'a pas ailleurs un domaine qu'il préfère, il fera venir des ouvriers européens pour construire une maison de brique ou de pierre où il pourra introduire tout le confort britannique. En dehors de la maison d'habitation, les dépendances de la station se réduisent à bien peu de chose. Il suffît de disposer, avec les bois que le terrain produit, de vastes enclos qui ont quelquefois 2 ou 300 hectares de superficie. L'un d'eux renferme les chevaux que l'on veut avoir sous la main ; les autres sont destinés au bétail non apprivoisé, aux moutons que l'on va tondre, aux bêtes qu'on a choisies pour les conduire au marché. Il y a rarement des hangars pour abriter les animaux pendant la mauvaise saison ; chevaux, bœufs, vaches et moutons passent d'habitude l'année entière sur les pâturages. Le colon a soin d'établir sa demeure, son *home*, sur des terres propres à la culture, et il achète le plus tôt possible la nue-propriété du terrain environnant, afin d'avoir la certitude de n'en être point dépossédé au premier jour. Il peut donc y faire quelques travaux d'amélioration, défricher le sol, planter des arbres à fruit, créer un jardin et cultiver les légumes d'Europe pour l'alimentation quotidienne de sa petite colonie.

Les limites des concessions sont toujours assez incertaines. Quand elles ne sont pas marquées naturellement par une rivière ou par une chaîne de montagnes, on se contente le plus souvent de les indiquer par un trait de charrue. Les gouvernements locaux encouragent maintenant les concessionnaires à clore la surface entière de leur *run* par des barrières en bois, et ils accordent des baux de plus longue durée à ceux qui exécutent ce travail. Dans les stations d'une grande étendue et très éloignées des centres de population, ce serait une dépense considérable et peu utile ; mais ceux qui ont une concession restreinte ou qui sont voisins des villages et des mines d'or y trouvent de sérieux avantages. Les troupeaux, parqués dans des enclos, sont mieux gardés et plus aisément surveillés ; on a moins de peine à les préserver des maladies contagieuses, et on tire un meilleur parti des pâturages. Ceci est déjà une exploitation perfectionnée, qui ne convient pas à tout le monde, ni surtout aux établissements de création récente. D'ordinaire les moutons sont simplement divisés en troupeaux de 2,000 à 3,000 têtes, et chacun d'eux, confié à la garde d'un ou de deux bergers, est cantonné sur une partie du *run*. Ces bergers, qui sont quelquefois éloignés de deux à trois heures de chemin de la station principale, vivent dans la plus complète solitude, sous la hutte qu'ils se sont construite, ne recevant qu'une fois la semaine l'approvisionnement de farine, de thé et de sucre que le maître leur fournit. Il y a en plus sur chaque station des contre-maîtres qui visitent les troupeaux de temps en temps et veillent à ce que les bergers changent de place à mesure que les pâturages sont épuisés. Ce sont eux encore qui vont à la recherche des animaux égarés ou volés et qui font la chasse aux bestiaux sauvages. Certains districts de l'Australie sont peuplés aujourd'hui de taureaux sauvages qui se sont échappés des stations : c'est un voisinage assez désagréable, car ces bêtes mangent inutilement l'herbe destinée aux troupeaux apprivoisés, mais parfois aussi profitable, parce qu'il est possible de les amener dans les enclos et de les engraisser pour la vente. Ces divers travaux font au colon une existence active et animée qui séduit beaucoup les émigrants malgré l'isolement où l'on vit pendant une partie de l'année. Passant presque toute la journée à cheval, armé du grand fouet (*stockwhip*) auquel les troupeaux obéissent, le *squatter* vit en pleine nature, sans souci des événements. Puis, quand la tonte des moutons est terminée et que les bêtes grasses ont été vendues, soit pour l'alimentation des villes, soit pour l'extraction du suif, il trouve que le produit de l'année se solde, pour peu que la station soit grande, par un bénéfice net de plusieurs centaines de mille francs. On comprendra aisément comment les profits peuvent être si considérables. Une station qui porte 10,000 têtes de gros bétail peut en vendre chaque année 3,000 au prix moyen de 120 francs environ, ce qui produit une somme de 360,000 francs. Si l'on élève des moutons, 50,000 bêtes donneront par an 50,000 toisons valant de 2 francs 50 centimes à 3 francs, soit de 125,000 à 150,000 francs pour la laine seulement ; or ces produits sont presque en entier un bénéfice net, car les frais d'exploitation de l'industrie pastorale sont insignifiants. Les *squatters* devraient donc s'enrichir promptement. Par malheur, beaucoup d'entre eux ont commencé avec un capital d'emprunt et sont épuisés par les intérêts élevés qu'ils paient aux banquiers.

Les occupations variées qui remplissent la vie ordinaire du *squatter* sur sa station laissent place à des incidents plus dramatiques. L'homme s'y trouve sans cesse en face de difficultés contre lesquelles il ne peut trouver de meilleur allié que sa propre énergie. Cette existence développe de nobles qualités, surexcite l'initiative individuelle et fait apprécier la valeur de l'indépendance. À mesure que l'on s'éloigne davantage du littoral, ces qualités deviennent plus nécessaires. De sanglants conflits avec les indigènes ajoutent un nouveau péril aux dangers de la vie du désert. Aussi les aventuriers qu'un caractère insouciant ou belliqueux pousse toujours aux extrêmes limites du territoire occupé fournissent rarement une longue carrière. Ils périssent presque tous avant l'âge soit d'une chute de cheval, soit dans une lutte contre les bestiaux sauvages ou dans un combat contre les indigènes.

En général, à mesure que le *squatter* s'enrichit, il acquiert la nue-propriété du sol dont il n'avait jusqu'alors que la jouissance temporaire, et il s'attache au pays par les liens les plus soldes. Le *squattage* a produit un grand nombre de fortunes immenses qui profitent au pays et qui exerceront sans aucun doute une influence salutaire sur l'avenir de l'Australie, car elles y développeront le bien-être, le luxe et le goût des jouissances élevées. Veut-on un exemple de la façon dont ces richesses s'acquièrent et des péripéties par lesquelles les colons ont dû passer, voici, sous un nom supposé, l'histoire d'un émigrant qui quitta son pays natal en 1832, sans autre ressource que ses bras et sa bonne volonté, et qui reparut en Angleterre en 1860 avec un revenu évalué à plus de 500,000 francs. Smith était le fils d'un fermier des environs de Glasgow. Séduit par les merveilles que l'on racontait de la Nouvelle-Galles du Sud, il s'embarqua pour l'Australie à l'âge de vingt ans, en n'emportant que la somme juste nécessaire pour revenir en Europe au cas où il n'eût pu rester dans la colonie. À peine était-il arrivé à Sydney, M. Mac-Leay, secrétaire colonial, lui confie la gestion d'une station située à 250 kilomètres de la ville, entre Goulburn et Vass. C'était un établissement de peu d'importance à ce moment, car il n'y avait que 2,000 moutons. Le propriétaire lui offrait un salaire de 1,000 fr. par an, et en outre une remise de 1 pour 100 sur la valeur des toisons pendant la première année, et de 1 pour 100 en sus pour chacune des années suivantes. Ce mode de rémunération était un encouragement à améliorer la qualité de la laine et le nombre des troupeaux. Le personnel de la station se composait d'une douzaine de *convicts*. Ceci se passait à l'époque où la Nouvelle-Galles du Sud était encore une colonie pénitentiaire. Les déportés étaient, on le sait, attachés au service des colons, qui demandaient à les employer sous la condition de les nourrir et de surveiller leur conduite. On avait ainsi des manœuvres autant qu'il en fallait ; mais c'était un hasard de rencontrer dans cette catégorie d'hommes un individu qui fût propre à régir un établissement isolé. Smith se trouvait sous le poids d'une lourde responsabilité. Ignorant de la vie et des habitudes coloniales, il eut d'abord à étudier le climat et la nature du sol de la station, le tempérament des troupeaux qui lui étaient confiés et le caractère des hommes qu'il avait sous ses ordres. Il y avait des traces évidentes que les bestiaux avaient été mal soignés pendant les années précédentes ; on voyait par exemple en certains endroits du *run* des amas d'ossements, seuls restes des moutons qui avaient péri de maladie ou d'inanition. Soumises à un régime meilleur et à des soins mieux entendus, les bêtes à laine gagnèrent rapidement en nombre et en qualité. En 1836, une maladie épidémique, une sorte de catarrhe, qui décima les troupeaux, donna lieu de reconnaître que les terrains imprégnés de sel exerçaient une heureuse influence sur la santé des moutons. Smith entreprit alors de créer deux nouvelles stations, l'une pour M. Mac-Leay et l'autre pour lui-même sur les bords du Murrumbidgee, où les explorateurs venaient de signaler l'existence de terrains salés. Il n'y avait encore aucun établissement européen près de cette rivière, qui est à 900 kilomètres de Sydney : aussi les indigènes étaient-ils assez incommodes ; dans les premiers temps surtout, ils ne cessaient d'attaquer les bergers isolés et d'enlever les bestiaux. Néanmoins, en les traitant avec douceur, on parvint à les rendre plus dociles, et certains d'entre eux furent même employés aux menus travaux de l'exploitation. Quelques années après, l'heureux pionnier avait si bien réussi sur le Murrumbidgee qu'il s'avança plus encore et créa une autre stationna 150 kilomètres de là, sur le Lachlan.

Lorsque, en 1844, après douze années de travail, Smith voulut rendre ses comptes à M. Mac-Leay, afin de se consacrer tout entier aux stations qu'il dirigeait pour son propre compte, les 2,000 bêtes à laine qu'il avait reçues en 1832 avaient produit un magnifique troupeau d'environ 30,000 têtes, sans compter les 10 ou 12,000 qui avaient été vendues dans l'intervalle. Par malheur, les années de 1842 à 1844 furent une époque désastreuse de dépréciation pendant laquelle les moutons perdirent presque toute leur valeur. Il y eut en 1845 une hausse sensible, grâce à l'industrie de l'extraction du suif, qui s'établit à cette époque dans la colonie. Survint ensuite une épidémie qui fit périr un grand nombre d'animaux. Les colons furent cruellement affectés par ces désastres successifs, et beaucoup d'entre eux, ayant eu recours aux banquiers, furent complètement ruinés par le taux élevé de l'intérêt, qui n'est pas inférieur à 10 pour 100 dans la colonie ; mais les colons, et celui dont nous racontons l'histoire était de ce nombre, qui s'étaient créé une réserve par leurs bénéfices antérieurs traversèrent sans danger la période critique. L'immense quantité d'émigrants qu'amena la découverte de l'or fit presque décupler le prix du bétail. Malgré l'augmentation de taxe qu'imposa le gouvernement local et la désertion des bergers, qui voulaient tous abandonner les stations pour se rendre aux mines, les *squatters* se trouvèrent bientôt dans une position magnifique. Partout où les travailleurs européens faisaient défaut, ils engageaient comme bergers des Chinois ou des indigènes. Le prix des bœufs, des moutons et des chevaux était d'ailleurs tellement élevé que les frais de l'industrie pastorale, quoique devenus plus considérables, laissaient encore d'immenses bénéfices. Sans doute aussi on avait mieux étudié les maladies et les affections épidémiques auxquelles les troupeaux étaient sujets, et l'on savait mieux s'en garantir. Dans les districts où les eaux sont rares et où les rivières sont sujettes à tarir pendant des chaleurs exceptionnelles, on essayait de creuser des puits pour avoir en tout temps de l'eau fraîche. Bref, à force de travail, d'énergie et de soins, Smith se trouvait en 1860 possesseur de 100,000 bêtes à laine, de 7,000 à 8,000 têtes de gros bétail, avec 700 ou 800 chevaux, répartis sur les diverses stations qu'il avait créées pendant sa vie active, et, loin de se présenter comme un exemple de prospérité singulière, il déclarait que les nouveaux colons de la jeune province de la Terre-de-la-

Reine débutaient dans de meilleures conditions que celles qu'il avait jamais rencontrées lui-même.

Maintenant ne se figurera-t-on pas aisément l'existence des *squatters* de l'Australie, hommes aventureux, toujours énergiques, mais issus pour la plupart des classes aisées de la société anglaise ? Montant sans cesse à cheval, ils ont des habitudes de locomotion rapide, et les distances ne les effraient pas. Appelés fréquemment dans les villes par les besoins de leur industrie ou par les nécessités de la vie politique, à laquelle ils prennent une part active, ils conservent une existence fastueuse que leurs richesses leur permettent de soutenir. L'aspect de magnifiques capitales telles que Melbourne et Sydney nourrit en eux le goût du luxe. L'hospitalité patriarcale, qui est dans la tradition de la vie du désert, ajoute à la dignité du foyer. Les plus riches et les plus honorés d'entre eux sont d'ailleurs, par une conséquence naturelle des institutions anglaises, les magistrats du district qu'ils habitent. Le colon australien ne se confine jamais dans l'isolement. Il fait appel sans cesse aux bienfaits de l'association : aux limites des terrains habités, l'association le protège contre les noirs ; dans les districts mieux connus, elle facilite la construction des routes, les travaux publics de toute sorte ; elle répond même à des besoins plus nobles, à ceux du culte par exemple, Sur les plateaux du Darling, plusieurs *squatters* se sont entendus afin d'obtenir un prêtre, qui va faire le service divin dans chaque station à tour de rôle, une fois tous les deux ou trois mois. Les journaux parviennent dans tous ces établissements, y entretiennent le souci des affaires communes et discutent en toute liberté les intérêts de la colonie. Jusque sous la hutte du berger, le voyageur retrouve les nouvelles récentes de la métropole.

Lorsqu'on entend dire que les provinces colonisées de l'Australie sont partagées en de grandes propriétés occupées par de francs tenanciers de la couronne qui y vivent toute l'année, qui y disposent de fortunes considérables, qui, exerçant sur leur territoire les fonctions de magistrats, y vivent en outre dans cette indépendance relative du pouvoir central que créent les grandes distances et l'irrégularité des communications, on serait tenté de croire que la féodalité du moyen âge va se reconstituer aux antipodes. Il n'en est rien. La vie politique infuse à tous les degrés de la hiérarchie sociale les bienfaits de la vie commune. La féodalité fut due à l'isolement des seigneurs ; ici, au contraire, l'association est la règle. Les relations fréquentes de tous les colons entre eux corrigent ce que la vie pastorale et agricole a eu de funeste au début des anciennes sociétés.

Au sein de cette population laborieuse et civilisée, que devient l'indigène de l'Australie ? C'est un fait digne de remarque qu'il ne se soit établi aucune entente entre les deux races qui se disputent aujourd'hui le sol de ce continent. On n'a jamais songé à fusionner les indigènes et les Européens ; bien plus, l'idée d'amalgamer les deux races répugne aux colons anglais, qui considèrent les noirs comme incapables de se plier à des mœurs plus douces. Ce n'est pas que les points de contact aient manqué. Il arrive souvent que les colons sont en bons rapports avec les tribus de leur voisinage. Quelquefois des noirs entrent au service d'un *squatter* qui les occupe à la garde des troupeaux ou à la tonte des moutons, mais non à de gros ouvrages, car ce sont de faibles travailleurs. Ils restent là des mois entiers, une année même et plus. Cependant, si bien traités qu'ils soient, l'instinct sauvage reprend bientôt le dessus ; ils s'éloignent et retournent à leur vie aventureuse dans le désert. Souvent aussi des *convicts* ont pris des épouses dans la race indigène, et l'on a observé que les mulâtres issus de ces mariages semblent conserver une prédilection particulière pour l'existence vagabonde de leurs ancêtres maternels. Quoique la colonie ait dépensé des sommes considérables pour civiliser les indigènes et les amener par degrés à un genre de vie moins précaire, il est impossible d'en citer un seul qui se soit assoupli aux usages européens et qui ait renoncé sans retour à la vie sauvage. Certains missionnaires qui se sont dévoués à l'amélioration du sort de ces pauvres êtres ont prétendu découvrir en eux d'excellentes qualités. Ils étaient assidus aux exercices religieux, ils paraissaient goûter un vif plaisir à entendre les mélodies sacrées, et saisissaient avec vivacité les connaissances élémentaires qu'on essayait de leur inculquer. Les enfants surtout semblaient plus dociles, on le conçoit, à l'enseignement élémentaire qui leur était donné dans des écoles spéciales ; mais, parvenus à l'âge d'homme, ils reprenaient leur existence vagabonde. C'est ce qui advint à Benilong, un chef indigène qui, aux premiers temps de la colonie, fut envoyé en Angleterre et y reçut une éducation assez complète. Revenu dans sa patrie, il semblait initié à tel point aux habitudes européennes qu'il fut admis à la table du gouverneur. Cependant, quelques mois plus tard, il quittait les vêtements européens qu'il avait portés si longtemps et l'existence confortable qu'il avait menée pendant plusieurs années pour vivre dans les bois, à la manière de ses compatriotes, une peau de bête sur le dos et un javelot à la main.

Les indigènes ont des défauts plus graves que ces instincts sauvages. Ils restent de rands enfants, faibles d'esprit, agissant presque toujours sans conscience et sans réflexion. Ils sont de plus essentiellement perfides et rusés, assez semblables sous ce rapport aux populations de la Chine et du Japon. Soit que le sentiment de la propriété ne puisse prendre racine dans leur intelligence, ou qu'ils soient dominés par la passion pour le pillage, ils dérobent sans scrupule tout ce qui est à leur portée. Enfin ils ne manifestent pas de reconnaissance pour les bons traitements, et commettent parfois des meurtres d'une atrocité révoltante sur les bergers et les employés d'une station où ils ont reçu un excellent accueil. Il y a bien des exemples de noirs qui, sans provocation, ont froidement massacré des familles de colons dans le seul dessein de voler quelques paquets de sucre ou de farine ; mais c'est surtout aux confins des territoires habités que les tribus indigènes sont nuisibles, et là, on doit en convenir, la répression est toujours sanglante et souvent cruelle. Lorsqu'un *squatter* veut créer une station sur des terrains vagues, il y trouve d'habitude une tribu indigène qui n'a eu encore aucune relation avec les blancs ou qui ne les connaît que pour avoir été déjà chassée par eux du district qu'elle occupait précédemment. Les noirs se trouvent dépossédés de terrains dont ils avaient joui seuls jusqu'alors. On peut dire, il est vrai, que l'industrie pastorale ne met pas en œuvre toutes les ressources du pays, et que les indigènes ne sont pas obligés d'émigrer. Ils pourraient encore pêcher dans les rivières, tuer dans les broussailles les kangourous dont ils se nourrissent. Une race d'intelligence plus développée et d'un naturel inoffensif, comme celles par exemple qui occupent certains archipels de la Polynésie, vivrait à côté des colons, et s'élèverait peu à peu au niveau de la race envahissante. Il n'en est pas ainsi. Déjà rendus défiants par les émigrations qu'ils ont été forcés de subir, les Australiens noirs sont dès le premier jour en état d'hostilité avec les nouveau-venus. Ils harcèlent et dispersent les troupeaux, criblent de javelots les bœufs et les moutons qu'ils rencontrent au pâturage, et s'ils ont besoin pour leur nourriture de tuer quelques bestiaux que le berger leur abandonnerait volontiers, ils en blessent dix fois davantage, par malice ou par enfantillage. Les troupeaux apprennent bientôt à redouter les noirs, et se sauvent dans toutes les directions aussitôt qu'ils les aperçoivent. N'est-il pas naturel que les bergers tirent quelques coups de fusil pour effrayer les indigènes ou les tenir à distance ? Mais par ce fait la guerre est déclarée. Au premier jour, un Européen surpris au milieu des broussailles sera assassiné, ou bien, en rentrant le soir à sa hutte, il trouvera sa femme et ses enfants percés de coups. Certes le sentiment de la vengeance ou de la conservation personnelle doit agir puissamment sur ces aventuriers qui ont quitté l'existence tranquille des villes pour la rude vie du désert. Alors le maître de la station réunira tous ses bergers et ses contre-maîtres, il fera appel à ses voisins, qui ont, comme lui, intérêt à tenir les aborigènes à distance, et il partira en expédition contre la malheureuse tribu qui a commencé l'attaque, jusqu'à ce qu'il lui ait infligé une sévère punition, et qu'il ait vengé par de nouveaux meurtres le meurtre qui a été commis. L'issue de la lutte ne peut être douteuse entre les fusils des blancs et les javelots de leurs adversaires. Aussi elle se termine presque toujours par la destruction de la tribu, dont quelques rares survivants abandonnent définitivement le terrain où ils avaient vécu jusqu'alors.

C'est ainsi que se fait la conquête de l'Australie. Et qu'on ne croie pas que ce soient là des scènes isolées ou accidentelles. En ce moment, la région où l'industrie pastorale a le plus d'activité et prend le plus rapide accroissement est la province septentrionale de la Terre-de-la-Reine. Or dans cette province, où les terres sont plus fertiles et les cours d'eau plus abondants qu'au sud du continent, les indigènes sont aussi plus nombreux, plus forts et plus belliqueux. Assurément ce n'est pas sans résistance qu'ils se laissent déposséder de leurs domaines, et cependant on n'entend dire ni qu'ils arrêtent les progrès des colons ni qu'ils se fusionnent avec eux. Sur qui doit retomber la responsabilité de cette déplorable lutte ? Les noirs sont chez eux, il est vrai, et les Européens sont des intrus qui viennent leur enlever leur patrimoine ; mais peut-on affirmer que les premiers ont le droit de détenir indéfiniment des terres qui sont improductives entre leurs mains ? Ce qui se passe en Australie n'est en définitive qu'une des scènes de la lutte éternelle entre la civilisation et la barbarie, et personne n'osera penser que la civilisation doive reculer ou seulement s'arrêter dans son cours. Si ses progrès sont marqués par de sinistres incidents, la faute en doit retomber sur ceux qui engagent la lutte les premiers. Les colons qui ne font que se défendre contre les attaques des aborigènes ou qui se bornent à exercer de justes représailles ne sont pas coupables du sang qui est versé. Que s'il en est dans le nombre qui maltraitent de prime abord les noirs ou qui dépassent les droits d'une légitime défense, ce sont eux qui porteront le blâme et la peine de cruautés inutiles et injustifiables.

Par malheur, l'antagonisme constant des deux races habitue le colon à verser le sang, et l'existence périlleuse qu'il mène fait qu'il tient peu de compte d'une vie humaine. Certains d'entre eux en viennent à se conduire comme s'ils avaient à coloniser un pays peuplé seulement d'animaux sauvages. L'extermination des indigènes a été posée comme règle et comme but, et cette opinion, ouvertement défendue il y a vingt-cinq ans environ, trouva même un appui dans la presse locale. N'était-il pas honteux que des hommes qui se présentaient comme les pionniers de la civilisation eussent la cruauté de condamner à mort un peuple tout entier, et de se charger eux-mêmes de l'exécution de cette sentence ? Il est juste de reconnaître toutefois que la grande majorité des *squatters* répudiait ces sanglantes doctrines, et traitait les indigènes avec bonté. L'autorité locale, suivant les inspirations du gouvernement anglais, ne perdait pas non plus une occasion de rappeler les Européens à des principes plus justes et plus humains. Aux yeux de la loi, c'était un devoir strict de protéger ces pauvres êtres dégradés auxquels on enlevait en partie leurs moyens d'existence, et c'était une obligation d'autant plus étroite que les noirs étaient moins capables de se défendre et de se protéger eux-mêmes. Les conseils ne suffisant pas à arrêter les cruautés de certains colons, il fallut un jour sévir contre eux. Au mois de juin 1838, le régisseur d'une station située à 5 ou 600 kilomètres de Sydney, revenant après une courte absence, s'aperçut de la disparition d'une tribu indigène qui campait sur le *run* au moment de son départ. Cette tribu était composée de quarante individus environ, dont une dizaine de femmes et à peu près autant d'enfants. On lui dit qu'ils s'en étaient allés volontairement. En parcourant la plaine quelque temps après, il découvrit au fond d'un ravin vingt-huit cadavres de noirs affreusement mutilés et brûlés en partie. L'enquête judiciaire qui fut immédiatement commencée fit découvrir que sept *convicts* attachés à la station avaient, de propos délibéré, résolu et perpétré cet horrible massacre. Ils furent traduits devant le jury de Sydney, tous condamnés à mort et exécutés. C'était bien le cas de faire preuve de sévérité, puisqu'il fut reconnu que les malheureux assassinés n'avaient commis que de légères déprédations. Les coupables, avant de mourir, avouèrent leur crime, mais en déclarant qu'ils n'avaient pas cru violer la loi, bien d'autres dans la colonie en ayant fait autant. La condamnation des sept Européens produisit un grand effet à cette époque. Cette mesure sévère, blâmée par les partisans de la théorie d'extermination, fut au contraire considérée comme insuffisante par les hommes qui eussent voulu voir atteindre les *squatters* eux-mêmes plutôt que des subalternes qui n'avaient fait, disait-on, que suivre les exemples qu'ils avaient sous les yeux. Un fait douloureux ressort des relations que les noirs ont avec les Européens : c'est qu'il n'y a pas de place pour la population indigène au milieu de la société civilisée qui l'enveloppe de toutes parts. L'indigène tout nu ou simplement recouvert d'une peau d'*opossum* n'attire pas plus l'attention dans les rues opulentes de Sydney que son compatriote aux instincts primitifs sur le *run* d'une station éloignée. L'un et l'autre, le sauvage à demi civilisé et le sauvage insoumis, paraissent incapables de prendre nos mœurs, de se plier à nos usages. Que ce soit l'abus des liqueurs fortes ou les balles du colon qui les détruisent, il importe peu. La race entière disparaîtra de nos jours, et la génération qui vit encore en ce moment sera sans doute la dernière. On n'a que des données très incertaines sur le nombre des naturels qui occupaient, à l'époque de l'arrivée des Européens, les provinces colonisées aujourd'hui, et l'on ignore même combien il en reste au juste maintenant ; cependant il est incontestable que la destruction de la race s'opère avec une rapidité prodigieuse. Un recensement assez exact, qui fut fait en 1861 dans la province de Victoria par les soins du bureau central pour la protection des aborigènes, fixe à moins de 2,000 le nombre des survivants, divisés en plus de cinquante petites tribus errantes, tandis qu'au moment de la fondation de cette colonie, en 1835, il y en avait de 6,000 à 7,000. Dans l'Australie méridionale, on en compte 5,000 environ. Pour la Nouvelle-Galles du Sud, il n'y a pas eu de statistique publiée ; on sait seulement que les noirs ont totalement disparu dans un rayon très étendu autour de Sydney, et que de la tribu qui occupait, au nombre de 400 individus, les bords de Port-Jackson lorsque le capitaine Phillip y vint débarquer, il ne survivait, il y a vingt ans, qu'un homme et trois femmes. La Terre-de-la-Reine renferme encore de 10,000 à 15,000 naturels sur son immense territoire. Enfin, pour l'Australie entière, y compris les portions encore inoccupées, on évalue la population indigène totale à 400,000 âmes ; mais ce chiffre ne présente aucune certitude, puisqu'il s'agit de tribus avec lesquelles on n'a aucune relation.

Il y aurait de l'injustice à ne pas reconnaître que le gouvernement local fait de sérieux efforts pour arrêter la dépopulation, et qu'il est aidé dans cette tâche par le concours des hommes les plus honorables de la colonie. Le gouvernement n'a pas, il est vrai, le pouvoir et n'a même pas sans doute la volonté d'intervenir dans la lutte qui se continue entre les deux races aux avant-postes de la colonisation, et surtout aujourd'hui dans les districts les plus récemment occupés de la Terre-de-la-Reine ; il ne peut que désavouer les massacres inutiles qui ne sont pas justifiés par la nécessité de la défense personnelle, et blâmer énergiquement les procédés plus atroces encore de certains *overlanders* qui, dit-on, dressent des chiens à la chasse des indigènes, comme autrefois les Espagnols dans l'Amérique du Sud. L'influence morale et bienveillante de l'état trouve au contraire de fréquentes occasions de s'exercer au milieu des districts entièrement colonisés qui contiennent, encore quelques indigènes. Il s'agirait seulement aujourd'hui de sauver les malheureux restes de tribus qui ont été englobés par la civilisation. Ceux-ci n'ont pris que la plus mauvaise part des exemples que leur présentaient les Européens. Impropres au rude travail des champs, inhabiles à plus forte raison aux occupations industrielles, ne pouvant plus se procurer sans rien faire la nourriture précaire dont ils se contentaient aux jours de leur indépendance, ils meurent de faim, et, pour peu qu'ils travaillent, emploient à s'enivrer le peu qu'ils ont gagné. L'ivresse, qui les dégrade corps et âme, leur est plus nuisible que la lutte. La religion serait seule assez puissante pour ramener ces malheureux êtres dans une meilleure voie. Dans la province de Victoria, où les noirs ont cessé depuis longtemps d'être dangereux pour les colons, de sérieux efforts ont été tentés dans ce sens. Le gouvernement institua un bureau spécialement chargé de veiller à leurs besoins, créa des écoles pour leur instruction, organisa certains d'entre eux par troupes pour la protection des districts éloignés et des districts aurifères. Les dépenses de ce bureau figurent encore pour environ 130,000 francs au budget annuel de la province. Les missionnaires wesleyens et anglicans entreprirent aussi d'arracher les tribus à leur vie errante en les fixant dans des cantons fertiles où la nourriture de tous les jours leur était assurée, et où l'on pouvait exercer sur eux une influence continue et permanente. Ces nouvelles habitudes étaient trop contraires à leurs instincts naturels. En dépit des soins bienveillants de leurs protecteurs, ils s'échappaient bientôt, préférant à la monotone existence qui leur assurait le travail et le pain quotidien les joies de la vie errante et les privations du désert.

Plus récemment, les missionnaires moraves ont créé de nouveaux établissements du même genre. Ils avaient déjà obtenu quelque succès dans le district pastoral de Wimmera, qui contient le tiers des indigènes survivants sur le sol de la Victoria, quand, après la malheureuse expédition de découvertes de Burke et Wills, les colons de Melbourne, reconnaissants des soins que les indigènes de la Rivière-Cooper avaient accordés à ces infortunés voyageurs, engagèrent le gouvernement à les en récompenser par une œuvre utile. Il fut résolu en conséquence qu'une mission serait créée sur les bords du Cooper, afin de convertir au christianisme, s'il était possible, les 4 ou 500 habitants de cette vallée. C'était sans doute une façon plus heureuse de reconnaître leurs services que de leur donner des haches et des graines dont ils ne savaient que faire. L'avenir nous apprendra si cette tentative a eu plus de succès que les précédentes. Entre deux races qui diffèrent tant par les mœurs, par les instincts et par l'état social, on ne peut espérer une amalgamation complète. Il est même douteux que l'on arrive à les faire vivre côte à côte. Il serait préférable pour les indigènes que chaque tribu fût cantonnée sur un espace réservé, suffisamment étendu pour qu'elle pût conserver sa vie nomade, assez distant des établissements européens pour que les noirs n'eussent aucun contact avec les colons. Encore cette mesure ne serait-elle bonne qu'à la condition d'établir ces réserves près des lieux mêmes où la tribu réside déjà, et de séparer les tribus les unes des autres, car les indigènes ne désertent pas volontiers leur pays d'origine, et des tribus différentes ne peuvent être rapprochées sans se mettre en état d'hostilité permanent.

Le sort des aborigènes de l'Australie est le côté lugubre du brillant tableau que nous offrent les colonies récentes. On se sent saisi d'une pitié profonde pour ces êtres inoffensifs que la fatalité condamne en masse à disparaître. Est-il donc inévitable que la civilisation écrase dans sa marche les races disgraciées qui n'ont pas su entrer assez tôt dans la voie du progrès ? Ici on ne peut accuser les hommes qui prennent la place du peuple sacrifié. À part des exceptions coupables que la morale réprouve et que les colons eux-mêmes ont flétries, il y a des causes qui font que la race inférieure en lumières et en intelligence doit être anéantie.

Chapitre IV

Peuplement de l'Australie et son développement

I

Les frontières de l'Australie, que les fondateurs avaient fixées par des considérations arbitraires, se rectifient, de sorte que la colonie tend insensiblement vers ses limites naturelles.

Issue d'un dépôt pénitentiaire, recrutée parmi les aventuriers de toutes les nations pendant la période d'attraction des mines d'or, la population de l'Australie est devenue laborieuse. Il pourrait paraître étrange qu'on ne parle que peu des convicts dans l'histoire du peuplement de l'Australie, quoique la transportation ne soit abolie que tardivement. Mais il est bien vrai que la race de ces condamnés semble éteinte ou modifiée. Au milieu de la foule des immigrants libres, dont beaucoup avaient quelques motifs de cacher leur vie passée les descendants des anciens convicts se sont confondus dans la masse en se lavant du stigmate d'infamie que devait leur infliger leur origine. Bien peu d'entre eux ont hérité des mauvaises tendances de leurs pères, et la plupart des transportés qui ont fait souche s'étaient déjà réhabilités de leur vivant par une conduite irréprochable.

La population australienne s'est épurée par l'œuvre du temps, comme un ruisseau dont la source serait trouble s'éclaircit à mesure que les eux s'éloignent du lieu d'origine. Quoi qu'il en soit, on croirait qu'il n'y a jamais eu que des immigrants volontaires. Bien que le caractère initial des établissements se soit effacé, il n'est pas inutile d'étudier ce que les convicts ont été et qu'ils ont fait dans ce pays.

On a souvent dit que la prospérité de ce pays leur est due. La raison répugne à l'admettre, et il est bien de montrer d'après de nombreuses publications, qu'il n'est au contraire devenu florissant qu'à mesure que la proportion de criminels déportés y était moindre.

Rappelons que lorsque la colonie de Botany-Bay fut créée en 1788, le gouvernement anglais ne songeait qu'à établir un dépôt pénitentiaire afin d'y reléguer les criminels qui encombraient ses bagnes et ses prisons.

Mais dès 1794 arrivèrent des familles volontaires auxquelles l'autorité locale distribua des lots de terrain. Les officiers de l'armée de terre, retenus aux antipodes par le service militaire, entreprirent aussi quelques cultures aux environs de Sydney. Certains condamnées, même après avoir achevé le temps de leur peine, firent des plantations et s'établirent au bord des rivières. Cependant, l'immigration fut très restreinte.

Il serait inutile de suivre pas à pas les progrès de ce pays depuis sa fondation. Sans remonter trop loin, il suffirait de prendre l'état de la société australienne en 1828. A cette époque, les convicts, aussi bien aussi qui subissaient leur peine que ceux étaient alors libérés, formaient encore la majorité de la population. Une garnison considérable, des états-majors nombreux, nécessaires pour administrer une multitude de si mauvais aloi et pour y maintenir le bon ordre, donnaient à la colonie un aspect militaire très prononcé. Les convicts arrivés depuis peu, ou dont la conduite exigeait une surveillance plus étroite, étaient détenus dans les baraques et conduits chaque jour par troupes de deux à trois cents aux chantiers de travaux publics. On les employait beaucoup aux routes, qui furent de la part des gouverneurs l'objet d'un soin particulier. Les autres étaient distribués entre les colons, qui en faisaient des bergers, des maçons, des charpentiers ou des laboureurs, suivant les besoins et les facultés de chacun.

Le convict qui avait achevé le temps de sa détention sans encourir de nouveaux châtiments, devenait libre et était nommé *emancipist*. Obligé de résider dans le pays, à moins qu'une décision spéciale n'eût autorisé son rapatriement immédiat, il obtenait une concession de terre, travaillait pour son propre compte et pouvait acquérir l'aisance ou richesse.

La classe des immigrants volontaires, si peu nombreuse encore en 1828, n'était pas seulement composait, ainsi qu'on pourrait le croire, d'artisans et de laboureurs sans éducation, on y comptait des représentants des grandes maisons de commerce d'Angleterre qui venaient établir des relations avec l'industrie naissante de cette contrée. Des jeunes gens qui avaient reçu une instruction supérieure dans les universités de la métropole tentaient la fortune avec un petit capital et se livraient avec succès à l'élevage des troupeaux. Des officiers de l'armée des Indes se retiraient avec leur famille aux environs de Sydney, dont le climat doux et tempéré convenait bien à des hommes fatigués par un long séjour sous les tropiques ; et ils étaient encouragés par le gouvernement qui leur offrait en supplément de leur pension de retraite une concession de terres en Australie. Enfin, les fonctionnaires de la colonie, les magistrats, les officiers actifs de l'armée, composaient une société choisie autour du gouvernement et formaient l'aristocratie du pays. Cette société exclusive, fière de sa position officielle, se regardant, avec raison à cette époque, comme supérieure à ce qui l'entourait, avait commencé par être si étroite que les colons y étaient rarement admis ; mais le cercle s'en élargissait peu à peu, bien que les *emancipists* en fussent toujours rigoureusement bannis. Ainsi, en 1828, une grande quantité de convicts, un grand état militaire, deux classes de colons séparés par une barrière en apparence infranchissable, voilà ce qu'était la société australienne. La population pure de toute condamnation était peu nombreuse, l'espace occupé par les cultures et les colons était peu considérable. Mais l'état des choses changea rapidement grâce à l'arrivée d'une multitude d'immigrants volontaires.

II
Exploitation des mines d'or et la ruée vers l'Australie

L'histoire de l'Australie peut se partager en trois époques : l'âge de fer, qui fut la période de colonisation par les *convicts*, temps de trouble et de misères ; — l'âge d'argent, qui correspond aux beaux jours de l'industrie agricole et pastorale ; — enfin l'âge d'or, inauguré en 1851 par la découverte inattendue d'immenses terrains aurifères. Les mines d'or ont, il est vrai, exerce une puissante influence sur la situation des colonies australes, mais non pas peut-être celle qu'on leur attribuerait de prime abord. Les mineurs, enclins à se faire la part du lion dans les privilèges des colonies nouvelles, ont avancé que le pays n'était rien avant leur arrivée, et qu'eux seuls, en moins de dix ans, l'avaient transformé en un magnifique empire. Leurs adversaires politiques ont répondu que les deux ou trois cents millions de francs, produit annuel des mines, sont loin de former, si considérable que soit cette somme, la totalité des richesses extraites du sol ; la laine et les troupeaux rendent presque autant ; les autres industries donnent des produits, sinon d'égale importance, au moins d'une valeur que l'on ne saurait dédaigner. Pour être juste cependant, on ne doit pas uniquement juger les mines d'or d'après le produit net qui en sort. Le précieux métal n'est pas une marchandise comme une autre ; il a des caractères qui lui sont propres. C'est le signe le plus mobile, mais aussi le plus manifeste, le plus universel, de la richesse humaine. Aucun travail n'est plus fécond en surprises, en émotions imprévues, que l'exploitation des terrains aurifères. Aussi, ne faut-il pas s'étonner du puissant attrait qu'il exerce. On ne sera même pas surpris qu'il ait pu produire en Australie une sorte de révolution économique et sociale, pour peu qu'on examine, comme nous voudrions le faire, les conditions dans lesquelles s'exploite le précieux métal, et qu'on s'applique à mieux saisir le caractère de la singulière industrie du chercheur d'or.

-1-

Lorsqu'à la fin de 1848 le bruit se répandit dans le monde que des mines d'or d'une prodigieuse fécondité avaient été découvertes en Californie, cette nouvelle produisit plus d'effet peut-être en Australie qu'en aucun pays d'Europe. Tout ce qu'il y avait de remuant et d'instable dans la population fut ébloui par le mirage lointain de ce nouvel Eldorado ; les émigrants s'embarquèrent à Sydney par centaines pour l'Amérique du Nord, au point que les colons, qui se plaignaient déjà que les ouvriers leur fissent défaut, s'inquiétèrent d'en voir encore diminuer le nombre et que la propriété subit une dépréciation sensible. L'esprit d'entreprise, qui depuis vingt ans attirait les sujets de la Grande-Bretagne vers le continent austral, allait les pousser vers d'autres rivages. La prospérité du nouvel empire était compromise, si l'on n'y découvrait aussi l'or. L'espoir de cette découverte était permis, si l'on devait ajouter foi aux indications très précises que certains savants avaient données, et dont on avait négligé de tenir compte jusqu'à ce jour.

Pendant la première année qui suivit la fondation du dépôt pénitentiaire à Botany-Bay, un *convict* prétendit avoir trouvé un fragment d'or natif. Il présentait en effet une petite masse de ce métal ; mais, incapable de désigner l'endroit où il disait avoir fait cette trouvaille, il fut convaincu d'avoir fabriqué ce spécimen en fondant ensemble des boutons de cuivre et un bijou volé ; sa supercherie fut punie de cent cinquante coups de fouet. Cependant plusieurs personnes restèrent persuadées que cet homme avait été victime d'une injustice, Plus tard, un berger écossais recueillit, à diverses époques, de petites quantités d'or qu'il rapporta dans la capitale. Tous ces faits avaient peu de retentissement. Les colons, portés vers d'autres occupations, ne s'en détournaient pas pour se livrer à des recherches aléatoires.

Après avoir consacré plusieurs années à des voyages de découvertes à travers les grandes chaînes de montagnes du continent, le comte Strzelecki, qui, bien différent des autres explorateurs, ne s'occupait que de recherches scientifiques, avait rapporté à Melbourne une collection de minéraux de toute sorte recueillis pendant ses excursions. En 1839, il annonçait, dans un rapport adressé au gouverneur de la Nouvelle-Galles du Sud et dans quelques lettres à ses amis, qu'il avait trouvé un échantillon d'argent natif et un silicate renfermant des traces d'or, ce qui semblait démontrer l'existence de ces métaux précieux dans les montagnes qu'il venait de traverser. N'ayant pas eu le temps d'examiner en détail la région d'où ces minerais provenaient, il engageait le gouvernement à y envoyer un ingénieur ou un minéralogiste dont les investigations révéleraient peut-être des richesses inattendues. Loin d'accéder au désir qu'il exprimait, le gouverneur, sir George Gipps, effrayé des conséquences qu'une telle découverte produirait dans une colonie peuplée de 45,000 *convicts*, invita le comte Strzelecki à ne pas divulguer sa découverte. C'est ce que fit celui-ci, peu soucieux, comme beaucoup de savants, de faire sortir de ses travaux un résultat pratique et ne se doutant pas assurément de l'incroyable importance que la production de l'or devait donner au pays.

Deux ou trois ans plus tard, un autre géologue, le révérend B. Clarke, montrait à divers habitants de Sydney des fragments de quartz aurifère qu'il avait trouvés, en traversant les montagnes entre Paramatta et Bathurst, et il se disait certain de recueillir, si l'on voulait, une grande quantité de minerai. Cette fois encore le gouverneur obtint de l'heureux explorateur que sa découverte serait tenue secrète, par crainte d'un bouleversement social et de la dispersion des nombreux condamnés qu'une force militaire très restreinte eût été impuissante, à contenir ; mais cette grande nouvelle semblait surgir de toutes parts. Peu après, en 1844, sir Roderick Murchison, l'un des hommes les plus autorisés dans les études géologiques en Angleterre, annonçait publiquement devant la Société de géographie de Londres qu'il venait d'examiner certains échantillons rapportés en Europe par le comte Strzelecki, sans savoir néanmoins que ce voyageur et M. Clarke avaient positivement trouvé de l'or en paillettes, que les montagnes de l'Australie présentaient une conformité remarquable avec les monts Ourals, où l'or existe en abondance, et qu'en conséquence ce métal devait se rencontrer sur le continent austral en quantité suffisante pour alimenter une exploitation fructueuse. Il engageait hautement le gouvernement et les colons eux-mêmes à vérifier ses assertions. Au reste on ne comprendrait guère que la population australienne, déjà nombreuse et disséminée comme elle l'était sur de vastes espaces, n'eût pas encore reconnu la valeur des terrains aurifères qu'elle, foulait aux pieds, si l'on ne savait quelle insouciance ont les hommes pour tout ce qui ne concerne pas directement leurs travaux de chaque jour, et que d'ailleurs l'or gît surtout dans des cantons relativement stériles que l'industrie pastorale n'aime guère à fréquenter. Il y eut quelques exemples de cette négligence incroyable qui fait que l'on passe quelquefois à côté d'un trésor sans en soupçonner la valeur. Ainsi l'on raconte qu'un peu avant la découverte de l'or dans la Nouvelle-Zélande un indigène du pays avait ramassé un *nugget* d'une énorme grosseur qu'il prenait pour une pomme de terre, et l'avait rejeté aussitôt en reconnaissant son erreur. Cependant en 1849 et 1850 la presse locale ne cessait d'exciter le zèle des explorateurs et de les engager, sur la foi de sir R. Murchison, à trouver dans leurs propres montagnes ce que d'autres allaient chercher en Californie.

Ce fut enfin au mois de mai 1851 que M. Hargreaves, mineur australien, revenu dans la Nouvelle-Galles du Sud, après un court séjour en Californie, réussit à récolter de l'or en quantité notable aux environs de Bathurst. Guidé par la similitude d'aspect qu'il avait observée entre les montagnes de son pays et celles de l'Amérique du Nord, encouragé par les prévisions de sir R. Murchison et par les trouvailles de M. Clarke, dont il avait transpiré quelque chose en dépit des précautions du gouverneur, il entama le sol à coups de pioche, lava les détritus dans son petit plat d'étain, à la mode de Californie, et put enfin recueillir, un peu de cette poudre d'or qui allait produire un changement si radical dans la situation économique du pays. Le gouvernement de la Nouvelle-Galles du Sud ne fut pas ingrat envers l'homme qui avait mis le : premier la main à l'œuvre. Dans l'une des sessions suivantes, il proposait au conseil législatif d'accorder à M. Hargreaves, à titre de récompense, une somme de 125,000 francs que les députés eurent la générosité de doubler. Il y eut à cette occasion, et à propos de l'origine de cette découverte féconde, une sorte d'enquête où furent établis les mérites de chacun des explorateurs qui ont été nommés plus haut. Une autre somme de 25,000 francs fut votée en même temps au profit du révérend B. Clarke. Quant au comte Strzelecki et à sir R. Murchison, dont les titres à une récompense nationale n'étaient guère plus contestables, on reconnut leurs droits à l'honneur de la découverte, sans néanmoins leur accorder une légère part de la moisson dorée que l'un avait entrevue le premier et que l'autre avait prédite avec tant de confiance et de sagacité.

Lorsque les premiers fragments d'or natif recueillis par M. Hargreaves arrivèrent à Sydney, l'effet produit fut indescriptible. Le ravin de Summerhill, où la veine avait été mise au jour, était à deux ou trois cents kilomètres à l'ouest de la capitale. Toute la population valide voulut s'y rendre aussitôt, les plus heureux en voiture, la plupart à pied, emportant sur leur dos les provisions de la semaine et les outils du mineur. Les départs pour la Californie avaient déjà produit un certain vide dans la capitale ; ce fut bien pis cette fois. Les rues étaient désertes, les maisons inhabitées, les boutiques fermées faute de marchands et de clients. Chacun vendait au plus vite tout ce qu'il possédait, qui sa maison, qui ses moutons ou ses marchandises, persuadé que les mines lui réservaient une fortune bien plus considérable. Les colons, déjà enrichis par d'autres trafics et que la perspective d'un travail manuel assez pénible détournait d'aller aux mines, n'avaient plus ni bergers pour garder leurs troupeaux, ni ouvriers pour quelque ouvrage que ce fût. La propriété mobilise et immobilière subit une baisse incroyable, et les gens prudents et perspicaces purent acquérir pour un prix fabuleusement réduit des rues entières de maisons inoccupées ou des moutons et des bêtes à cornes par milliers.

De cette foule qui était partie si vite de Sydney pour Bathurst, et de Bathurst pour le ravin de Summerhill, beaucoup revinrent désappointés. En réalité, le premier champ d'or que M. Hargreaves avait exploité était très restreint en étendue et peu productif. Premières épreuves de ces alternatives d'espérances déçues et de joies inopinées, qui font que la vie des mineurs est si énervante ! L'illusion fut cruelle pour ceux qui avaient quitté un emploi bien rétribué ou sacrifié leur fortune présente afin d'arriver plus vite à l'opulence, et la plupart retournèrent sur leurs pas en maudissant la fausse nouvelle qui les avait abusés, ainsi que le mineur, M. Hargreaves, imposteur, selon eux, qui les avait entraînés à sa suite. Le découragement fut de courte durée. Un mois ne s'était pas encore écoulé que l'on avait reconnu d'autres champs d'or dans le voisinage et en d'autres districts éloignés du premier. Au même moment, un aborigène attaché comme gardien de troupeaux à une station de moutons trouvait, à demi enterré dans le sol, un des plus beaux *nuggets* dont il ait jamais été question dans le monde, une masse d'environ 40 kilogrammes d'or presque pur enveloppé dans une gangue de quartz, toute une fortune dans une pierre informe près de laquelle bien d'autres bergers étaient peut-être passés sans y prendre garde. Rien n'était plus propre à surexciter la fièvre de l'or dans la colonie. La richesse n'était plus le fruit du travail : il suffisait d'une chance favorable dans une loterie où les gros lots pouvaient se trouver en nombre infini. Ce ne furent plus seulement les habitants des villes voisines qui se rendirent sur les terrains aurifères de la Nouvelle-Galles du Sud ; des provinces plus éloignées accoururent aussi tous les hommes que séduisaient de tels hasards.

Parmi les provinces qui composaient alors les établissements anglais de l'Océan austral, l'une d'elles, la Victoria, traversait à cette époque une période assez critique. Déjà prospère et peuplée de 77,000 habitants disposant d'un budget spécial de plus de 9 millions de francs, elle venait d'obtenir d'être séparée de la Nouvelle-Galles du Sud, et les autorités locales qu'elle allait avoir pour elle seule s'embarquaient pour Melbourne au moment même où la nouvelle de l'heureuse découverte se répandait dans les rues de Sydney. Qu'allait devenir cette nouvelle colonie ? N'était-il pas à craindre que l'émigration en masse de ses habitants, attirés par les mines d'or, ne lui fît perdre, en quelques mois l'importance qui lui avait valu une existence indépendante ? Les principaux citoyens de Melbourne, sentant le danger dont cette désertion les menaçait, se réunirent en comité et décidèrent d'offrir une récompense de cinq mille francs au premier qui signalerait des terrains aurifères sur leur propre territoire. C'était peu en comparaison des merveilleux résultats que promettait la découverte elle-même ; mais l'éveil était donné, et le succès ne se fit pas attendre.

Les ruines de Ballarat furent annoncées d'abord, mines si riches que 10,000 ouvriers trouvèrent tout de suite une place sur ce champ d'or d'une étendue immense ; puis, à peu de jours d'intervalle, on ouvrit les *diggings* du mont Alexander, autre région non moins abondante, et enfin ceux de Bendigo, où pendant l'hiver de 1852 se pressaient 50,000 mineurs, presque tous heureux et réalisant quelquefois un gain de cent mille francs en quelques jours. Les champs d'or de la Nouvelle-Galles du Sud n'étaient plus rien au prix de ceux qui venaient d'être révélés : ceux même de la Californie étaient pauvres en comparaison. En certaines parties du ravin de Bendigo, on ramassait sa charge d'or rien qu'en grattant le sol et en le passant au tamis. Ces découvertes eurent lieu en décembre 1851 ; au mois d'octobre de l'année suivante, ce n'étaient plus seulement les Australiens qui affluaient ; la nouvelle s'était répandue dans le monde entier. Les navires arrivaient par centaines à Melbourne chargés d'hommes et de marchandises. On voyait débarquer les immigrants au nombre de dix à vingt mille par mois. Ceux des anciens habitants de Melbourne qui étaient restés dans la ville n'étaient pour ainsi dire plus chez eux. Les nouveau-venus envahissaient tout, se regardant comme les maîtres du pays où ils formaient une immense et turbulente majorité.

On ne saurait trouver dans l'histoire du monde un semblable exemple de déplacement de population. Les Barbares envahissant l'empire romain, outre qu'ils appartenaient à d'autres temps, traitaient franchement en pays conquis la contrée où ils entraient. En Californie, les immigrants trouvèrent le pays à peu près vide devant eux. En Australie au contraire, il y avait déjà une population stable, établie sur le sol, qui prit la première part aux profits de la découverte, mais qui se vit noyée en moins de trois ans au milieu d'un essaim d'immigrants plus que double. Et qu'était cette nouvelle population ? On l'a définie en deux mots : *populus virorum*. Aussi devait-on s'attendre à tous les abus et à tous les excès.

Après la dépression momentanée des propriétés de tout genre que la désertion des villes avait occasionnée survint une hausse formidable aussitôt que les mineurs enrichis rentrèrent dans les grands centres de population pour y dépenser ce qu'ils venaient d'acquérir. Toutes choses prirent une valeur de fantaisie. Les objets de luxe, vendus à des hommes qui donnaient volontiers à pleines mains pour satisfaire le désir d'un moment, montaient à des sommes extravagantes. Les instincts brutaux, pressés de jouir, s'assouvissaient sans frein et sans vergogne. Une consommation excessive de liqueurs alcooliques, le brillant essaim des sirènes accourues au tintement de l'or de toutes les contrées du globe, de l'Europe et de l'Amérique, de la Chine et de l'Inde, de Java et de l'Afrique, toutes les couleurs et tous les vices ; ce qui serait en d'autres pays la fortune d'une famille consumé en un jour, comme cela avait été gagné ; le caprice d'un instant payé par le gain d'une journée heureuse ; l'opulence aujourd'hui, la misère demain, misère insouciante parce qu'il lui restait l'espoir d'une chance également favorable ; puis, à côté, les malheureux qui avaient trouvé la mine stérile, et réparaient à leur manière l'injustice du sort en assassinant sur la route, au moment du retour, le mineur lourdement chargé auquel ils dérobaient son épargne ; enfin surtout et partout la débauche de corps par les excès de tout genre, et la débauche d'esprit que produit l'incertitude poignante du chercheur d'or : voilà le spectacle que présentait en 1852 la province de Victoria. Il fallut une constitution de fer aux hommes qui, ayant pris part à cette existence dévorante, s'en retirèrent quelques années plus tard sans s'être ruiné la santé par l'abus des liqueurs fortes ou rendus fous par les émotions incessantes des *diggings*.

Les objets de première nécessité et surtout les matières de consommation quotidienne oscillaient entre deux et quatre fois leur valeur habituelle, suivant que les arrivages par mer étaient plus ou moins abondants. C'est ainsi que la farine fut payée à Melbourne même 1 franc le kilogramme, le foin 50 francs les 100 kilogrammes, un chou 3 francs la pièce. Les gages des serviteurs et ouvriers se maintinrent pendant longtemps au taux de 80 francs par semaine. Tout progressait à la fois, et chacun, à quelque occupation qu'il fût adonné, reçut sa part de ces richesses soudaines. On citait comme un exemple remarquable entre autres de fortune subite un ancien soldat qui, s'étant retiré peu d'années auparavant aux environs de Melbourne, avait consacré toutes ses économies, une somme de 2,500 francs, à l'achat de 40 hectares de terre. Deux ans après la découverte de l'or, il revendait pour 3 millions de francs ce même lot de terrain enclavé dans les agrandissements de la nouvelle ville. Des spéculateurs américains, qui avaient expédié en Australie par cargaisons entières les outils et les machines dont on fait usage pour le travail des mines, réalisèrent tout de suite des bénéfices inouïs. Il en fut de même des artisans en bois et en fer qui se livrèrent aussi à la fabrication de ces instruments. Il y eut un moment où ces ouvriers, ainsi que les charpentiers et maçons, se faisaient payer jusqu'à 50 francs par jour. La main-d'œuvre était alors à un taux si élevé et l'attraction exercée par les mines était si puissante, que les capitaines de navires marchands mouillaient à plusieurs milles au large dans la baie, afin de prévenir la désertion de leurs équipages.

Sur les lieux mêmes où l'on récoltait l'or, la crise fut encore plus grave. Ce n'est pas un fait ordinaire que de voir 50,000 individus s'entasser, comme il advint à Bendigo, dans un ravin qui était désert la veille, à 200 kilomètres de la capitale, sans voies de communication d'aucune sorte. C'étaient, entre Melbourne et les champs d'or, des files interminables de chariots attelés de vingt bœufs et souvent arrêtés en chemin par les difficultés du terrain, et cependant, les convois étant quelquefois en retard, la nourriture se payait au poids de l'or. On a dit de cet état social qu'on y trouvait le minimum de confort avec le maximum de dépense. Ce n'est pas tout, la force régnait seule sur les *diggings*. On se battait pour occuper les meilleurs terrains, et la mort d'un individu n'était considérée par les autres mineurs que comme l'élimination d'un concurrent qui le lendemain pouvait devenir dangereux ou être trop favorisé par le hasard des fouilles. Le jeu ne rend-il pas égoïste ? Et quel jeu fut jamais plus stimulant que cette loterie perpétuelle ? Le mineur ne pouvait pas plus quitter son *revolver* que sa pioche. Celui qui n'avait pas rencontré la veine de minerai expulsait de son trou le voisin plus heureux et moins fort que lui. D'autres, surtout les *convicts* évadés de la Tasmanie s'embusquaient derrière les buissons de la forêt et dépouillaient l'ouvrier qui rentrait le soir à sa tente ou retournait à la ville. Les meurtres commis par ces *sharks-land* (requins de terre) devinrent si nombreux que le gouvernement de la colonie prit le parti d'envoyer une fois par mois des fourgons bien escortés qui recevaient en dépôt les *nuggets* et la poudre d'or, et donnaient en échange au possesseur un bon sur la banque de Melbourne.

On est curieux sans doute de savoir quel rôle le gouvernement local jouait au milieu de cette foule en ébullition. Aussitôt qu'un nouveau champ d'or était reconnu, il s'y établissait un commissaire impérial chargé de percevoir la redevance de 37 fr. 50 cent que devait par mois chaque mineur. Ce fonctionnaire, sans autre appui qu'un petit détachement de troupes, ne pouvait pas assurer le bon ordre et rendre justice à tous. Il se contentait de percevoir l'impôt, de réprimer les délits trop flagrants ; et, si c'était un homme de bon sens et modéré, les mineurs prenaient bien vite l'habitude de lui soumettre d'eux-mêmes leurs différends. Fermant les yeux sur les injustices peu apparentes et plutôt conciliateur que juge, il pouvait acquérir dans son district une influence étendue sur cette population plus réellement laborieuse que bruyante, secondé qu'il était d'ailleurs par la grande majorité des mineurs, qui ne recherchaient pas volontiers les disputes, et qui estimaient que le temps consacré à autre chose qu'à fouiller la terre était du temps perdu.

En d'autres occasions, le gouvernement essaya encore d'intervenir d'une façon directe. C'est ainsi qu'il voulut restreindre le nombre des cabaretiers, qui s'étaient multipliés outre mesure. Déjà altéré par la sécheresse du climat, le mineur, fêtant ses jours d'heureuse veine, ou se consolant dans l'ivresse de n'avoir pas réussi, perdait tout à la fois dans les cabarets ses gains, sa santé et souvent la raison. Il fut donc décidé en 1853 qu'aucune licence ne serait accordée pour l'ouverture d'un débit de liqueurs sur les champs d'or, et que le nombre de ceux qui existaient au dehors ne pourrait s'accroître. C'était créer un monopole des plus fructueux au profit de ces derniers, qui y gagnèrent en effet des fortunes considérables, Il n'était pas rare de voir un débitant de liqueurs établi sous une tente ou dans une baraque de la pire apparence réaliser un bénéfice de plus de 100,000 francs par an, Quant à l'interdiction de rendre des liqueurs fortes sur les *diggings*, cette mesure produisit un bon effet incontestable, mais excita un mécontentement général que d'autres causes allaient bientôt transformer en révolte ouverte. Les droits des mineurs n'étaient écrits nulle part. Selon eux, c'était bien simple : toute terre supposée aurifère leur appartenait, et nul ne pouvait les empêcher d'y faire des fouilles, cette terre eût-elle été déjà achetée et mise en valeur. Dans le principe, le gouvernement s'était contenté d'affirmer le droit régalien de la couronne à la propriété de toutes les mines de la colonie, et il avait pris ce motif pour justifier l'établissement de la redevance mensuelle due par chaque mineur, redevance énorme en réalité, et qui prouve à quel point ce travail était profitable. Tout mineur pourvu de sa licence n'avait qu'à se rendre sur le sol, où il lui plaisait, qu'à choisir un *claim*, carré de terrain de douze pieds de côté, aux angles duquel il plantait de petites baguettes pour en fixer les limites. Il avait le droit d'exploiter cet endroit indéfiniment, pourvu qu'il n'abandonnât pas son trou plus de vingt-quatre heures, car cet abandon le faisait retomber dans le domaine public. Il semblerait qu'une formalité si simple ne put engendrer de discussion ; mais si la veine est bonne, d'autres mineurs se pressent bien vite autour du premier : on se dispute la moindre parcelle du sol ; puis, au fond de son puits, le mineur creuse ses galeries en tous sens, sans tenir compte des limites tracées à la surface. De là des réclamations sans nombre. La population des mines, fatiguée d'être à la merci du plus fort, en vint bientôt à dire que, puisqu'elle payait des taxes élevées, il était du devoir du gouvernement de garantir la sécurité du travail. Jusque-là les magistrats du district avaient toujours été des *squatters* qui étaient hostiles aux empiétements des *diggers*. Ceux-ci voulaient-ils acheter des terres et les cultiver, on leur en refusait. Bref, les mineurs, qui formaient plus de la moitié de la population totale de la province, et qui avaient la prétention de faire à eux seuls la prospérité du pays, se voyaient mis en dehors de la société et de l'administration des affaires coloniales. Tout ce qui les intéressait était traité sans eux.

Les Anglais ont prétendu depuis, qu'il se trouvait alors sur les champs d'or de la Victoria un certain nombre d'exilés de 1848, des Allemands surtout, fauteurs de désordres, qui voulaient recommencer en Australie les révolutions auxquelles ils avaient pris part dans leur pays natal. Ce fait est peut-être douteux. Toujours est-il qu'au mois de décembre 1854 quelques mineurs de Ballarat refusèrent résolument d'acquitter le droit mensuel de licence. À la première nouvelle de ces troubles, le gouvernement de Melbourne fit partir les troupes dont il pouvait disposer. En arrivant à Ballarat, elles trouvèrent les insurgés retranchés dans un blockhaus et disposés à le défendre vigoureusement En effet, leurs retranchements ne purent être emportés qu'après une lutte de plusieurs heures où il y eut des deux côtés un certain nombre d'hommes tués et blessés.

Disons tout de suite que c'est la seule fois, depuis la création des colonies australes, que la population se soit mise en état de rébellion déclarée contre le gouvernement établi, et cet événement est surtout attribué, comme on l'a vu, à l'influence de révolutionnaires étrangers. Quoi qu'il en soit, on comprit qu'il fallait réformer en partie le régime auquel étaient soumis les mineurs. Une commission d'enquête parcourut les districts aurifères, afin d'éclairer le gouvernement sur leurs besoins, et à la suite de ses travaux, qui furent accueillis par les intéressés avec une extrême faveur, diverses améliorations furent décrétées. La redevance mensuelle fut diminuée et remplacée en partie par un droit sur l'or à l'exportation, dans la pensée de faire peser le plus possible cette charge sur ceux qui avaient fait bonne récolte et d'en exempter ceux qui ne réussissaient pas. Des tribunaux spéciaux furent chargés de juger les questions de mines, et l'administration des districts aurifères fut affranchie de l'autorité des *squatters*. Ils eurent leurs représentants au corps législatif de la province. Grâce à ces sages concessions, le calme se rétablit, et nulle population ne s'est depuis montrée plus docile que celle des champs d'or, malgré sa mobilité et les tentations auxquelles elle est exposée. Quant aux coupables de l'insurrection de 1854, ils furent acquittés par le jury, qui voulut ensevelir le passé dans une amnistie générale. Aujourd'hui l'on peut voir encore dans le cimetière de Ballarat deux pierres commémoratives : l'une est consacrée à la mémoire des

147

officiers et des soldats qui périrent à l'assaut du blockhaus de Bakery-Hill, l'autre célèbre le patriotisme de leurs adversaires.

Les événements qui occupèrent les premières années de l'industrie minière dans la Victoria s'étaient aussi produits, quoique avec moins de gravité, dans les districts aurifères de la Nouvelle-Galles du Sud. Depuis cette époque, à chaque nouvelle découverte d'un gisement d'or dans une autre province, on a vu se répéter les mêmes scènes, sauf l'atténuation due à l'expérience acquise par les gouvernements locaux ; mais c'était toujours le même empressement des mineurs à se rendre aux champs d'or récemment signalés, les mêmes extravagances de prix, la même pénurie des choses les plus indispensables à l'existence. Pendant quelques jours, c'est toujours le droit du plus fort qui est seul reconnu. Heureux encore ces hommes, qui courent à la fortune avec tant d'empressement, quand ils trouvent une rémunération de leurs fatigues et de leurs épreuves ! Il n'en est pas toujours ainsi. Vers le milieu de l'année 1858, sur le bruit faussement répandu que des *diggings* avaient été ouverts à Canoona, sur les bords de la rivière Fitz-Roy, dans la Terre-de-la-Reine, toute la population mobile des autres provinces s'y rendit sans perdre un instant. Trois mois après, 10,000 hommes étaient réunis dans ce canton presque désert, dont l'or, disséminé sur quelques hectares et sur une faible épaisseur, fut aussitôt épuisé. La plupart, revenus ruinés et désappointés, gagnèrent avec peine la ville de

Sydney, où les habitants paisibles, inquiets de cette population flottante sans ressources, durent se cotiser afin de leur fournir les moyens de retourner dans les districts plus productifs de la Victoria et de la Nouvelle-Zélande.

Sur les champs d'or de la Victoria, les plus importants de ceux dont il s'agit ici, l'état des choses s'est bien modifié depuis une dizaine d'années. Les associations ouvrières, aidées par d'énormes capitaux, ont remplacé les efforts individuels. L'industrie minière des antipodes s'est calquée sur les entreprises similaires de l'Europe ; mais, avant d'examiner la situation présente des *diggings*, il convient d'étudier la nature même des terrains aurifères et de jeter un coup d'œil sur les conditions au milieu desquelles les mineurs poursuivent leurs travaux.

-2-

Dès que les journaux annoncent que l'or vient de se révéler dans un pays où on ne l'avait pas encore aperçu, une foule d'ouvriers abandonnent leurs occupations et se mettent en route par troupes de deux, trois ou quatre, l'un portant les outils, les autres chargés de vivres et d'approvisionnements. Arrivés au but de leur voyage, ils se choisissent un *claim*, dressent leur tente et fouillent le sol jusqu'à ce que le terrain soit épuisé, ou que de nouveaux indices les décident à partir pour une autre contrée. Ces mineurs indépendants voient avec jalousie l'invasion des compagnies minières, qui, disposant de forces motrices artificielles, peuvent travailler à meilleur marché et réaliser des bénéfices plus considérables. Leur nombre diminue d'autant plus vite que ces compagnies leur offrent en général un salaire certain plus élevé que le gain aléatoire du travail libre. Néanmoins l'amour de l'indépendance et les chances heureuses qui favorisent de temps à autre l'un d'entre eux sont cause qu'il y a toujours un grand nombre d'hommmes adonnés à cette industrie. Ce ne sont pas en général les meilleurs ouvriers : les hasards et les misères de cette existence vagabonde séduisent surtout cette partie de la population qui vît sans souci du lendemain, et consacre volontiers quelques jours à la débauche après une semaine d'un labeur opiniâtre et fructueux.

Rien de plus triste que l'aspect du pays sur lequel se sont exercés les *diggers* de cette catégorie. Le sol est retourna en tous sens ; les arbres ont été impitoyablement rasés ou brûlés partout où ils gênaient les fouilles ; des tas de graviers et de détritus sont amoncelés çà et là ; l'eau de pluie croupit dans les puits à demi éboulés, et les ruisseaux sont transformés en fleuves de boue par le lavage des minerais. Si la veine féconde que les mineurs ont attaquée se prolonge sous le domaine d'un malheureux colon, on démolit sa maison, on arrache ses clôtures et l'on bouleverse toutes ses cultures. Les chercheurs d'or ont fait reconnaître comme un des articles de leur charte le droit de s'emparer de tout terrain où la présence du métal précieux est soupçonnée, sauf bien entendu à indemniser au préalable les victimes de cette expropriation violente. On raconte même qu'une ville, Maldon, déjà florissante et constituée en municipalité, fut menacée un jour d'une destruction subite par les travaux des mineurs qui suivaient un filon au-dessous, de la surface qu'elle occupait ; des puits furent creusés au milieu des rues. Les habitants ne s'y opposèrent pas, intéressés plus que qui que ce soit au succès des mines qui étaient toute leur fortune.

Tels sont les incidents que présente l'exploitation des alluvions superficielles et dont on retrouve à chaque pas les traces plus ou moins récentes en visitant les districts miniers de la Victoria, qui sont les plus intéressants et les plus fructueux du monde austral. Lorsqu'on se met à fouiller les alluvions anciennes qui sont cachées à une plus grande profondeur, les champs d'or se transforment bien vite, ainsi qu'on s'en aperçoit aux environs de Ballarat, capitale du district de même nom et l'un des centres les plus importants de l'industrie minière. Le lieu où la ville de Ballarat a été édifiée n'était avant 1851 qu'une forêt encore inconnue. Les tentes des premiers jours ont été remplacées d'abord par des maisons en bois, puis par des édifices en pierre. On y remarque plusieurs beaux monuments publics construits aux frais de la ville ou du gouvernement provincial. On y compte maintenant plus de 22,000 habitants, et la municipalité dispose d'un revenu supérieur à 500,000 francs. Trois théâtres, neuf banques, une douzaine d'églises consacrées aux diverses communions, un splendide hôpital, des cabinets de lecture et un musée attestent que la population n'est étrangère à aucun des progrès de la civilisation. Les rues sont pavées, éclairées au gaz, arrosées abondamment par des conduites d'eau fraîche. La capitale du district n'est pas la seule ville où l'on trouve ces preuves évidentes de la richesse du pays. Une douzaine d'autres municipalités suivent cet exemple, et présentent sur une moindre échelle les mêmes signes de prospérité. Tout cela est le produit des mines.

Aux environs de Ballarat, les alluvions superficielles, qui furent très riches dans l'origine, sont à peu près abandonnées. Le sol, qui est composé en grande partie de débris de roches volcaniques, est fécond et convient à merveille aux cultures diverses et à l'élève des troupeaux. Aussi la campagne est émaillée d'une foule de petites maisons entourées de jardins d'une végétation luxuriante. On ne se douterait guère qu'on est dans un pays de mines, si de hautes cheminées en brique ne trahissaient çà et là l'activité des usines et des opérations souterraines. L'exploitation porte principalement sur des sédiments anciens qui ne peuvent être atteints, ainsi qu'on l'a vu plus haut, qu'en perçant des puits à une grande profondeur et après des travaux préparatoires d'une durée de deux à cinq ans. Ces entreprises sont l'œuvre de simples ouvriers qui, s'associant ensemble, constituent une compagnie en participation. Une fois qu'ils ont obtenu une concession dans le voisinage de quelque autre entreprise qui a déjà réussi, les capitaux ne leur manquent pas. Les particuliers et même les maisons de banque leur avancent, au taux courant de l'intérêt, l'argent nécessaire à l'achat des machines. Les aubergistes et marchands au détail leur font crédit pendant plusieurs années, s'il le faut, jusqu'à ce qu'ils aient atteint la veine aurifère. Ainsi tous les habitants du pays, pauvres ou riches, négociants ou agriculteurs, sont plus ou moins intéressés au succès des travaux des mines. Veut-on savoir maintenant quels résultats ces sociétés obtiennent ? Voici un exemple qui ne doit pas être considéré comme un cas de réussite exceptionnelle. La *Great extended Company*, dont tous les sociétaires, au nombre de quatre-vingts, étaient ouvriers mineurs, entreprit en 1857 de creuser un puits. Elle employa trois ans et demi à descendre jusqu'à la profondeur de 105 mètres, où le terrain schisteux fut atteint, et elle avait dépensé alors environ 500,000 francs en machines à vapeur, charpentes pour le boisage des parois du puits et autres matériaux, sans compter les salaires des sociétaires, qui pouvaient bien être évalués à une somme au moins équivalente. Pendant les quinze mois qui suivirent, ils récoltèrent pour plus de quinze cent mille francs de métal. Leurs galeries s'étendaient déjà à 500 mètres de la base du puits ; mais comme les limites de leur concession étaient encore très éloignées de ce point, on calculait qu'ils pouvaient compter sur un produit à peu près aussi important pendant plusieurs autres années.

Assurément toutes les compagnies ne réussissent pas aussi bien que celle-ci ; mais on en connaît beaucoup qui sont déjà en pleine activité. Les mauvaises chances d'une telle entreprise consistent dans l'incertitude ou l'on est sur la véritable situation de la veine qu'il s'agit d'atteindre. Les minerais aurifères reposent dans le lit des litières de l'époque silurienne, et les vallées de ce temps n'ont aucune corrélation avec celles de l'époque présente. La configuration actuelle du terrain ne donne donc aucun indice utile ; mais lorsqu'un premier puits a atteint la veine et en a constaté la direction, tous ceux qui seront creusés à la suite dans cette même direction ont des chances très favorables. Les règlements intérieurs que les mineurs se sont imposés ont fixé d'ailleurs l'étendue que chaque société peut réclamer le long de la veine, afin que l'une d'elles ne puisse s'approprier indûment une part trop grande du terrain aurifère. Néanmoins, l'allure des filons formant souvent des méandres ou des îles, comme le lit des fleuves, il n'est pas rare que deux compagnies voisines réclament la propriété d'une même partie de la veine. C'est ce qui advint en 1860 à deux sociétés rivales dans le voisinage de Ballarat ; quoique la cour des mines les eût condamnées à partager les fruits du filon contesté, elles obtinrent toutes deux un résultat magnifique. Leurs dépenses totales s'étaient élevées à 270,000 francs, salaires compris, et le produit total ne fut pas moindre de 800,000 francs. Elles avaient mis quatre ans à creuser leurs puits à 120 mètres au-dessous de la surface.

Si de Ballarat on se dirige vers le nord, on traverse, sur un parcours de cent kilomètres environ, jusqu'à Sandhurst, capitale du district de Bendigo, toute une contrée que les terrains aurifères ont enrichie et fertilisée. Entre ces deux villes s'étend la chaîne de montagnes que l'on a nommée un peu prétentieusement les Pyrénées australiennes, quoique ses crêtes ne s'élèvent guère qu'à mille mètres au-dessus de la mer. Dans chaque ravin, on aperçoit les terres bouleversées et les puits à moitié comblés qui attestent le passage des mineurs. Des villes de 2,000 à 10,000 âmes, Creswick, Ararat, Maryborough, Castlemaine, Maldon, sans compter une foule de villages de création plus récente, prouvent par leur prospérité croissante que l'industrie minière se développe de plus en plus. Malgré les difficultés du terrain et l'imperfection des routes, des voitures publiques desservent une ou deux fois par jour ces centres de population. On travaille même avec activité au réseau de chemins de fer qui doit les relier entre elles, et les lignes déjà ouvertes, à la circulation de Melbourne à Ballarat par Geelong et de Melbourne à Sandhurst par Castlemaine prouvent que les colons savent appliquer à leurs propres besoins les richesses extraites d'un sol si fécond.

Le ravin de Bendigo, où la ville de Sandhurst a été construite, fut à son origine le plus merveilleux de tous les champs d'or de la Victoria. Dès la première année de sa découverte, 50,000 *diggers* s'y disputèrent la moindre parcelle de terrain ; aussi de la forêt primitive qui recouvrait le sol ne reste-t-il plus que quelques arbres à demi calcinés, et la terre, dévastée, creusée, retournée dans tous les sens, conserve les traces de tant d'efforts énergiques. En certains points, à White-Hills par exemple, on pourrait affirmer, sans trop courir le risque de se tromper, que la colline a été passée au crible tout entière. Dans cette région, le granit se montre fréquemment à la surface, et les filons quartzeux affleurent sur une grande étendue. Les alluvions modernes, qui étaient d'une richesse extrême, ont fait la fortune des premiers mineurs et occupent encore beaucoup d'ouvriers ; mais les compagnies qui disposent de capitaux suffisants se livrent de préférence au traitement des quartz aurifères par la méthode d'amalgamation dont il a été question plus chaut. Quoique le rendement de ces filons soit très irrégulier, les uns contenant beaucoup d'or et les autres n'en renfermant que des parcelles insignifiantes, une foule de sociétés par actions essayèrent de se former, il y a quelques années, en vue de les exploiter. On n'a pas besoin, comme à Ballarat, de creuser dès le début des puits très profonds, car le minerai se trouve d'abord à la surface ; mais il faut suivre les veines à mesure qu'elles s'enfoncent dans le sol. Souvent alors on est arrêté par les nappes d'eau qui envahissent les travaux, ou bien le filon, qui avait donné à son sommet une quantité d'or considérable, s'appauvrit rapidement et devient indigne d'être exploité. En outre il faut une machine à vapeur très puissante pour extraire le minerai et pour le broyer.

Cette méthode exige donc une mise de fonds importante, ce qui, joint à une spéculation trop ardente au début de ce genre de travaux, avait jeté à une certaine époque une défaveur imméritée sur l'exploitation de quartz. Cependant quelques compagnies y ont déjà réalisé de beaux bénéfices, et leur situation ne peut que s'améliorer, car on leur concède en général une étendue de terrain assez vaste pour que leurs travaux puissent se continuer pendant une longue période d'années. Ainsi la *Comet Company* de Bendigo, constituée avec un capital de 860,000 francs, a obtenu une concession de 4 hectares sur laquelle ont été reconnus huit filons dont l'épaisseur varie de 30 à 75 centimètres ; elle n'a encore exploité qu'une faible partie des minerais qui sont contenus dans cette superficie, et cependant elle en a extrait en trois ans et demi pour une valeur de 400,000 francs.

Partout l'industrie minière se transforme. Les mineurs isolés sont remplacés par des compagnies ; les machines accomplissent une partie du labeur et suppléent à l'insuffisance de la main-d'œuvre. S'il est un travail où l'homme veuille repousser l'assistance de ses semblables, ne semble-t-il pas que ce dût être celui-là à cause de ses surprises et de ses succès imprévus, dont chacun veut conserver pour soi toutes les chances heureuses ?

Les champs d'or, dont le mineur a réclamé la libre disposition avec tant d'égoïsme et qu'il a arrachés aux préoccupants, *squatters* ou cultivateurs, se monopolisent entre les mains de compagnies puissantes. Le capital reprend ses droits à côté de la main-d'œuvre. Cependant l'espace est large, et, malgré l'étendue nouvelle des concessions actuelles, malgré le concours de la vapeur, qui multiplie les bras, et des machines, qui forcent le minerai à rendre la plus grande part de ce qu'il contient, on ne peut prévoir que ces champs seront bientôt épuisés. Disons-le encore, il y en a pour des siècles à extraire tout ce que contiennent d'or les seuls districts aurifères de la Victoria.

Comme organisation, les districts miniers de la Victoria sont placés sous le régime simple et démocratique qui prévaut en toutes choses dans les colonies australes. Les mineurs sont représentés par des députés à l'assemblée législative et par un ministre dans le gouvernement de la province. Ce dernier institue dans chacun des six districts un commissaire (*warden*), assisté, suivant l'importance de la région, par des sous-commissaires qui fournissent à l'administration centrale tous les renseignements dont elle a besoin, et jugent en premier ressort les contestations de peu d'importance. Les affaires plus graves sont portées devant les cours des mines, composées de magistrats indépendants, et dont les arrêts ne peuvent être invalidés que par la cour suprême de la colonie. Ainsi sont jugés, avec toute garantie d'impartialité, les litiges très nombreux, et d'une importance pécuniaire énorme, qui surgissent entre les mineurs. En outre il y a encore dans chaque district un conseil des mines, élu par les mineurs eux-mêmes au suffrage universel et composé de dix membres, qui édicté les règlements d'exploitation, détermine les conditions auxquelles les concessions doivent être faites, et décide dans quels cas elles encourent la déchéance. Enfin les principaux négociants ou possesseurs de mines remplissent les fonctions de juges de paix, et des agents de police peu nombreux maintiennent l'ordre extérieur.

Il reste à examiner le résultat économique du travail des mines. Sur ce sujet, les terrains aurifères de la Victoria nous serviront encore de type d'étude, en raison de ce que l'exploitation y est plus ancienne et plus régulière, et que la statistique des produits y est tenue avec plus d'exactitude.

Il est remarquable d'abord que le nombre des mineurs va sans cesse en décroissant. De 126,000 en 1859, première année sur laquelle on possède des rapports exacts, ce nombre est tombé à 100,000 en 1861, et n'était plus que de 89,000 en 1863, diminution considérable qui doit être attribuée à plusieurs causes distinctes. Les persécutions individuelles et les prohibitions légales dirigées contre les Chinois ont éloigné plusieurs milliers de ces modestes travailleurs. La découverte plus ou moins réelle et bruyamment annoncée de nouveaux champs d'or d'une richesse excessive a décidé l'émigration d'une foule de mineurs qui ont été chercher des terrains plus féconds dans la

Nouvelle-Zélande, dans la Nouvelle-Galles du Sud et la Terre-de-la-Reine.

En voyant, à l'exposition de Londres de 1862, les *nuggets* à l'éclat brillant et aux formes contournées, autour desquels la foule ne cessait de se presser, et surtout cette pyramide dorée d'un volume imposant, qui représentait sous une forme sensible les 2 milliards et demi extraits en dix ans du sol de la Victoria, on se demandait involontairement à quelles destinées était promise une terre qui donne de tels produits sans s'épuiser. Quand on songe aux valeurs incalculables enfouies dans les deux empires qui sont aux pôles du Pacifique, n'est-on pas tenté de croire que le foyer de la civilisation va se déplacer sur la surface du monde, et, docile à l'aimant qui l'attire, transporter sur un théâtre plus large sa puissance, ses vieilles traditions et son énergie ? Ces déplacements d'influence ne sont pas sans exemple dans l'histoire. L'Atlantique a, depuis plusieurs siècles, joué le rôle qui dans les temps plus anciens avait été dévolu à la Méditerranée, que la Méditerranée avait elle-même enlevé à la mer Egée. L'Atlantique est aujourd'hui la grande voie du commerce, le trait d'union entre les nations les plus civilisées du globe. Qui sait si le Pacifique n'acquerra pas plus tard l'importance que possède l'Atlantique de nos jours et que les mers intérieures possédaient aux temps plus anciens ? A chaque acte, la scène va en s'agrandissant. Les vieilles nations de la Chine et du Japon sont sollicitées chaque jour davantage d'entrer en relations fréquentes avec nous ; des états puissants se forment à l'improviste sur les côtes inconnues du Pacifique ; les royaumes plus anciens se régénèrent. L'or peut s'attribuer une large part dans cette sorte de migration de l'activité humaine. S'il est impuissant à créer seul des empires, au moins donne-t-il le branle aux nations trop stationnaires.

www.ingramcontent.com/pod-product-compliance
Lightning Source LLC
LaVergne TN
LVHW011353080426
835511LV00005B/265